Philologie zur Einführung

Marcel Lepper

Philologie zur Einführung

.

JUNIUS

Wissenschaftlicher Beirat
Michael Hagner, Zürich
Ina Kerner, Berlin
Dieter Thomä, St. Gallen

Junius Verlag GmbH
Stresemannstraße 375
22761 Hamburg
www.junius-verlag.de

Die Deutsche Nationalbibliothek – CIP-Einheitsaufnahme

Bibliografische Information der Deutschen Nationalbibliothek
Die Deutsche Nationalbibliothek verzeichnet diese Publikation in der
Deutschen Nationalbibliografie; detaillierte bibliografische Daten
sind im Internet über <http://dnb.d-nb.de> abrufbar

Zur Einführung ...

... hat diese Taschenbuchreihe seit ihrer Gründung 1977 gedient. Zunächst als sozialistische Initiative gestartet, die philosophisches Wissen allgemein zugänglich machen und so den Marsch durch die Institutionen theoretisch ausrüsten sollte, wurden die Bände in den achtziger Jahren zu einem verlässlichen Leitfaden durch das Labyrinth der neuen Unübersichtlichkeit. Mit der Kombination von Wissensvermittlung und kritischer Analyse haben die Junius-Bände stilbildend gewirkt.

Seit den neunziger Jahren reformierten sich Teile der Geisteswissenschaften als Kulturwissenschaften und brachten neue Fächer und Schwerpunkte wie Medienwissenschaften, Wissenschaftsgeschichte oder Bildwissenschaften hervor. Auch im Verhältnis zu den Naturwissenschaften sahen sich die traditionellen Kernfächer der Geisteswissenschaften neuen Herausforderungen ausgesetzt. Diesen Veränderungen trug eine Neuausrichtung der Junius-Reihe Rechnung, die seit 2003 von der verstorbenen Cornelia Vismann und zwei der Unterzeichnenden (M.H. und D.T.) verantwortet wurde.

Ein Jahrzehnt später erweisen sich die Kulturwissenschaften eher als notwendige Erweiterung denn als Neubegründung der Geisteswissenschaften. In den Fokus sind neue, nicht zuletzt politik- und sozialwissenschaftliche Fragen gerückt, die sich produktiv mit den geistes- und kulturwissenschaftlichen Problemstellungen vermengt haben. So scheint eine erneute Inventur der Reihe sinnvoll, deren Aufgabe unverändert darin besteht, kompetent und anschaulich zu vermitteln, was kritisches Denken und Forschen jenseits naturwissenschaftlicher Zugänge heute zu leisten vermag.

Zur Einführung ist für Leute geschrieben, denen daran gelegen ist, sich über bekannte und manchmal weniger bekannte Autor(inn)en und Themen zu orientieren. Sie wollen klassische Fragen in neuem Licht und neue Forschungsfelder in gültiger Form dargestellt sehen.

Zur Einführung ist von Leuten geschrieben, die nicht nur einen souveränen Überblick geben, sondern ihren eigenen Standpunkt markieren. Vermittlung heißt nicht Verwässerung, Repräsentativität nicht Vollständigkeit. Die Autorinnen und Autoren der Reihe haben eine eigene Perspektive auf ihren Gegenstand, und ihre Handschrift ist in den einzelnen Bänden deutlich erkennbar.

Zur Einführung ist in der Hinsicht traditionell, dass es den Stärken des gedruckten Buchs – die Darstellung baut auf Übersichtlichkeit, Sorgfalt und reflexive Distanz, das Medium auf Handhabbarkeit und Haltbarkeit – auch in Zeiten liquider Netzpublikationen vertraut.

Zur Einführung bleibt seinem ursprünglichen Konzept treu, indem es die Zirkulation von Ideen, Erkenntnissen und Wissen befördert.

Michael Hagner
Ina Kerner
Dieter Thomä

Inhalt

Vorwort

Philologie ist ein Hochwertbegriff und ein Schimpfwort. Er verspricht die handwerkliche Sorgfalt, die der Soziologe Richard Sennett (2008) als eine Wunschvorstellung postindustrieller Bürgerlichkeit beschrieben hat.[1] Zugleich weist er in die staubigen Gelehrtenstuben der Vormoderne zurück, verrät elitären Dünkel und Gezänk um Punkt und Komma, Anhäufung von Bücherwissen und ein Übermaß an Duldsamkeit gegenüber dem Irrelevanten. So lautet der provokative Befund bei Edward Said: »Philology is just about the least with-it, least sexy, and most unmodern of any of the branches of learning associated with humanism.« (2004, S. 57)

Dass vorgebliche Reizlosigkeit einer modernen Dialektik unterliegt, weiß ein Kulturtheoretiker wie Said. Gerade weil die Philologie nicht die Geschwindigkeits- und Zugänglichkeitsanforderungen des 21. Jahrhunderts zu erfüllen scheint, hat sie das öffentliche Interesse zurückerobert. An programmatischen Texten, die angesichts der Aufmerksamkeitsüberforderung in den kulturwissenschaftlichen Fächern auf den Begriff der Philologie setzen, herrscht im vergangenen Jahrzehnt kein Mangel. Die meisten dieser Publikationen – darunter die Bücher von Hans Ulrich Gumbrecht (2002; 2003), Ottmar Ette (2004), Thomas Steinfeld (2004), Peter-André Alt (2007), Werner Hamacher (2009) – setzen sich mit dem philologischen Anliegen und Habitus, mit dem Nutzen und Nachteil philologischen Arbeitens auseinander.

9

Das Genre bildet keineswegs eine deutsche Sonderdebatte ab, sondern betrifft, freilich mit Bedeutungsverschiebungen, die internationale Wissenschaftslandschaft, wie amerikanische Veröffentlichungen zeigen – angefangen bei dem bereits 1990 erschienenen Themenheft *What is Philology?* von Jan Ziolkowski bis zum Schwerpunkt *Relating Philology, Practicing Humanism* in den *Publications of the Modern Language Association* (PMLA) 2010.

Eine Einführung in *die* Philologie muss sich der Erwartungen bewusst sein, die sie aus guten Gründen nicht erfüllen wird – dogmatische Festlegungen dessen, was Philologie zu sein hat, wird das vorliegende Buch nicht bieten. Erst recht kann es eine Einführung in *die* Philologie*n* nur unter der Bedingung geben, dass sie die Fülle philologischer Entwürfe und Praktiken fragebezogen sichtet, ohne sich anzumaßen, die Grundlagen älterer und neuerer Einzelphilologien gleichmäßig zu erschließen. Welchen Nutzen hätte es, den Eindruck eines fachübergreifenden Konsenses über Kanonwissen zu erzeugen? Überschreitet der Band die Grenzen Westeuropas und die Schwelle zur Vormoderne, so setzt er sich zweifellos dem Einwand aus, eine philologische Einführung hätte schon genug mit der griechischen und lateinischen, allenfalls noch der mediävistischen Philologie zwischen Friedrich August Wolf und Ernst Robert Curtius zu tun. Dem Vorwurf, das amerikanische Verständnis von *criticism* gehöre genauso wenig zur Philologie wie frühneuzeitliche Zeichentheorie und gegenwärtige Computerlinguistik, kann der Band entgegentreten, wenn er das philologische Anliegen ernst nimmt – d.h. historische Begriffe nicht normativ festschreibt, sondern auf den Prüfstand stellt, mehr Fragen auffächert, als Antworten bestätigt.

Welche Philologen kommen vor, welche Theorien fehlen? Die Einführung kann Ungerechtigkeiten nicht vollständig vermeiden, auch wenn sie sich um Ausgewogenheit bemüht. Sie wird nicht an den großen Lehrwerken entlangbuchstabieren, freilich auch keine abstrakte Philologiegeschichte ohne Namen bieten können – man wird sich im Gegenteil auf eine beunruhigende Zahl von Namen, Titeln und Definitionen einlassen müssen, wenn man nicht dogmatische Verkürzung riskieren will. Es soll freilich nicht darum gehen, bloße Belege auszuschütten, sondern an Beispielen auf Brüche und Widersprüche aufmerksam zu machen.

Verzichtet der Band auf eine chronologische Geschichte *der* Philologie (Wilamowitz-Moellendorff 1921), so fordern die ungewohnten, problemorientierten Konstellationen über einen engen Fachhorizont hinweg zweifellos das Konzentrationsvermögen der Leserinnen und Leser. Studierenden aus den philologischen und Interessierten aus den nicht-philologischen Disziplinen soll die Einführung unerwartete Begegnungen vermitteln, mögliche Wege durch ältere und allerjüngste Debatten zeigen. Kann sie die Auseinandersetzung mit den behandelten Autoren und Texten nicht ersetzen, so möchte sie zur eigenständigen Detaillektüre anregen. Sie versteht sich nicht als Einführung in das literaturwissenschaftliche oder editionsphilologische Arbeiten, nicht als Bücherkunde oder propädeutische Handreichung. Zwangsläufig muss sie vereinfachen – aber sie möchte nicht entproblematisieren.

Was die Einführung nicht leisten kann, das bieten Anthologien und Studienbücher. Eine überzeugend disponierte Sammlung exemplarischer Grundlagentexte legen Kai Bremer und Uwe Wirth vor (*Texte zur modernen Philologie*, Stuttgart 2010). Zentrale *Texte zur Literaturtheorie der Gegenwart* haben Dorothee Kimmich, Rolf Günter Renner und Bernd Stiegler zusammengestellt (1996, vollst. überarb. und akt. Neuausg., Stuttgart 2008), *Literaturtheorien des 20. Jahrhunderts* stellt Ulrich Schmid vor (Stuttgart 2010). Wer sich über neuere Verfahren der Editionswissenschaft informieren möchte, dem leistet Bodo Plachtas Einführung (*Editionswissenschaft*, 1997, 2. Aufl., Stuttgart 2006) gute Dienste. Die Fülle der Einführungen in die einzelnen Philologien lässt sich an dieser Stelle nicht in angemessener Form sichten. Empfohlen seien stellvertretend Stefan Neuhaus' germanistischer *Grundriss der Literaturwissenschaft* (2003, 3. Aufl., Tübingen 2009), Ralf Klausnitzers Studienbuch zur *Literaturwissenschaft* (Berlin/New York 2004) und Claudius Sittigs *Arbeitstechniken* (Stuttgart 2008). In linguistischer Hinsicht sei exemplarisch auf die einführenden Bände von Angelika Linke, Markus Nussbaumer und Paul R. Portmann (*Studienbuch Linguistik*, 1991, 5. Aufl., Tübingen 2004) und Ludger Hoffmann (*Sprachwissenschaft: Ein Reader*, 1996, 3., verb. Aufl., Berlin/New York 2010) hingewiesen, eine historische Absicht verfolgt die so materialreiche wie übersichtlich strukturierte *Geschichte der Sprachwissenschaft* (Berlin/New York 1999) von Andreas Gardt.

Wesentliche Anregungen verdanke ich den Seminardiskussionen mit den Studierenden und Doktoranden an der University of Wisconsin, Madison, ebenso mit den Studierenden an der Universität Stuttgart. Mein Dank gilt Pascaline Budow und Katharina Vogel für sorgfältige Recherchen, Ruth Doersing für umsichtige bibliothekarische Begleitung. Ohne das Deutsche Literaturarchiv Marbach, seine Bestände, Mitarbeiter und Gastforscher, wäre dieser Band nicht entstanden – der Dank gilt Ulrich Raulff und allen, die das Haus in den vergangenen Jahren mit ihren Ideen geformt, mit ihren Fragen herausgefordert haben. Hans Adler, Claudia Bahmer, Andreas Gardt, Michael Hagner, Ben Hutchinson, Anna Kinder, Anne Kraume, Markus Messling, Hans-Harald Müller, Sandra Richter, Carlos Spoerhase, Céline Trautmann-Waller, Nikolaus Wegmann und Dirk Werle danke ich herzlich für Ideen, Ermutigungen, Nachfragen und Kritik.

Marcel Lepper   Stuttgart, im Juli 2012

Einleitung

Das 19. Jahrhundert ist als Ära der Weltausstellungen und des Kolonialhandels, der industriellen Massenproduktion und der musealen Kunstreligion in die Geschichtsschreibung eingegangen. Gehört die Philologie selbst in ein solches Museum des 19. Jahrhunderts – neben das Dampfschiff, die Schreibmaschine, den Telegrafen (Osterhammel 2009, S. 1158-1170)? Ist die Philologie ein romantisches Projekt, das unter den Kältebedingungen eines modernen Wissenschaftsbegriffs nur noch in der Vitrine vor dem Zerfall bewahrt werden kann? Eine Monumentalruine aus der Phase der geisteswissenschaftlichen Großforschung, der blindwütigen Faktenhuberei?

Die vorliegende Einführung möchte das verengte und provinzialisierte Bild von dem aufbrechen, was Philologie des 19. Jahrhunderts gewesen und was danach nie wieder überboten worden sein mag, um früher und weiter anzusetzen – auch auf die Gefahr hin, dass gewohnte Vorstellungen irritiert werden. Schon um der Gewinnung von Beobachtungsdistanz willen lohnt sich das Experiment, aus der Nacherzählung der Gründungsgeschichte auszuscheren. Es geht freilich um mehr – um den kritischen Blick auf starke, gegenwärtige Tendenzen, die Philologie zu romantisieren, zu einem Erlebnisprogramm auszugestalten, in dem so gestaunt werden darf, wie säkular erzogene Romantiker in den Kirchen über den fremden Ritus staunen durften.

Über die Philologie hat sich ein goldener Schimmer gelegt – wie über Michael Endes Schuldrachen Mahlzahn, der, in einer

13

Pagode gefangen gesetzt, sich in einen goldenen Drachen der Weisheit verwandelt. Die zurückgewonnene Attraktivität, zugleich museale Unantastbarkeit, freut diejenigen, deren Sympathie schon dem pedantischen, alten Drachen gehörte. Das Auge, von digitaler Datenfluktuation überanstrengt, genießt die Ruhe des Papiers und des Pergaments, das Jahrhunderte überdauert hat. Der Betrachter verharrt ehrfürchtig vor der stillgestellten Vergangenheit, vor dem Goldglanz historischer Bibliotheksbestände, die in den Metaphern der Vormoderne als »Schätze« beschrieben werden – so im *Tagesspiegel* anlässlich der Eröffnung der neuen Grimm-Bibliothek der Humboldt-Universität zu Berlin (19. November 2009). Aufwendige Editionen, monumentale Wörterbücher, unikale Archive genießen die Gunst eines kleinen forschenden und eines großen staunenden Publikums. Ist es ein Zufall, dass die Philologie des 19. Jahrhunderts einer anderen Erfindung derselben Epoche, dem modernen Tourismus, anheimzufallen scheint? So wurde die Belegkarte zum Verb »trinken« aus dem Wörterbuchprojekt Jacob und Wilhelm Grimms, versehen mit einem Verweis auf das Tagebuch Bettina von Arnims, zum Objekt der Ausstellung *Welt Wissen* im Berliner Gropius-Bau (Hennig/Andraschke 2010, S. 268).

Der Goldglanz zeugt nicht bloß vom Schauwert, sondern von Altersmüdigkeit, erloschener Streitlust, von der Stillstellung in der ästhetischen Betrachtung. »Es sind Zweifel erlaubt, ob die *Classics* unserer Tage aus den richtigen Gründen erfolgreich sind«, bemerkt zu Recht der Heidelberger Latinist Jürgen Paul Schwindt während einer Preisverleihung (Schmoll 2012, S. 8). Diese Einführung will die Geschichte der Philologie nicht bloß vom 19. Jahrhundert her erzählen – als Geschichte des Aufstiegs, der Vertrauenskrise und der späten Musealisierung einer disziplinären Struktur. Stattdessen soll, schon um der Dialektik willen, das eingeholt werden, was in der Selbstauskunft europäischer Philologen regelmäßig zu kurz kommt: die Vormoderne, die Globalität, die Gegenwart.

Der wissenschaftshistorische Zugang rückt ältere und neuere Programmschriften auf Distanz, klärt über die Bedingtheit von Frageansätzen und Arbeitsweisen auf, ohne sich selbst aus der Historisierbarkeit zu entlassen. Der wissenschaftsgeschichtliche Ansatz darf nicht zu dem Fehlschluss führen, den Ulrich von Wilamowitz-Moellendorff begeht, wenn er 1921 behauptet: »Was Philologie ist und sein soll, hat sich aus ihrer Geschichte ergeben.« (S. 80)

Nur der erste Teil ist richtig: Was Philologie ist, das steht in keinem Auftrag, in keiner Gesetzesvorlage, sondern lässt sich nur begreifen, wenn mit der Gegenstandserkenntnis auch immer deren Geschichte mit erfragt wird. Der dialektische Ansatz löst die Philologie aus ihrer Schicksalhaftigkeit, aus der alternativlosen Geschichtsphilosophie – und öffnet die Türen.

Die Geradlinigkeit philologischer Grundrisse des 19. Jahrhunderts kann und will die Einführung nicht bieten. Fortschrittsgeschichten und Klassizitätsgeschichten sind in dieser Form nicht mehr erzählbar. Um in der Fülle der Problemstellungen nicht die Orientierung zu verlieren, geht die Einführung von drei Leitfragen aus, die in den folgenden Kapiteln differenziert behandelt werden sollen:

1. Wissen – oder wissen wollen? Philologischen Kongressen, Projekten und Publikationen wirft man – zuweilen nicht zu Unrecht – vor, dass sie einen Überschuss an Themen, einen Mangel an Fragen erkennen lassen (Kaube 2007, S. 35). Stellt die Philologie nur vorhandenes Wissen aus – oder will sie neues Terrain erkunden? Welche Fragestellungen und Praktiken, nicht bloß Bestände und Institutionen machen die Philologie aus (Schwindt 2009, S. 12-13)? Was kennzeichnet unterschiedliche philologische Arbeitsweisen, aus welchen Traditionen kommen sie, welche vorgespurten Wege durchkreuzen sie?

15

2. Bestandssicherung – oder Grundlagenkritik? Der Philologie werden Leistungen zur kulturellen Selbstvergewisserung von Gesellschaften abverlangt. Welche Aufgaben der Kritik vorgefundener Strukturen setzt sie sich selbst (Vanek 2007, S. 99-154)? Inwiefern stellt die Philologie die politische Machtfrage (Foucault 1971; 1994, S. 1004-1008), inwieweit übt sie selbst Macht aus (Gumbrecht 2002; 2003, S. 9-21)? Woher kommt die Demutsgeste der ›armen Philologie‹ – einer um Mitleid bemühten Wissenschaft? Wie setzt die Rhetorik der globalen Fülle und Pluralität, der ›reichen Philologie‹, einen Gegenakzent (Pollock 2010, S. 185-189)?

3. Erfolgsbilanz – oder strukturelles Defizit? Die Philologie steht im Gegensatz zu kurzfristigen Programmen für Gründlichkeit, Langfristigkeit, Beharrlichkeit (Bertho/Plachta 2008, S. 7-8). Philologie bedeutet kritische Prüfung, umfasst aber auch die melancholischen Verzettelungen, die zu keinem Ende kommen (Schlaffer 1990; 2005, S. 214-218) – und das Jammern darüber, dass wissenschaftliche und politische Umwelten diese Melancholie nicht honorieren. An welchen Stellen hat sich der philologische Habitus bewährt, wo liegen strukturelle Mängel philologischer Programme?

1. Definitionen

Natürlich kann eine Einführung nicht ohne begriffliche Voran-
nahmen auskommen, selbst wenn sie Definitionen nicht naiv
übernimmt, sondern historisiert. Philologie, so viel lässt sich sagen, bezeichnet

das Studium und die Erforschung sprachlicher Phänomene und Strukturen in einem weiten, literarischer Phänomene und Strukturen in einem
engeren Sinn.

Dass sich philologische Grundsatzdebatten darauf richten, was
unter Sprache und Literatur überhaupt zu verstehen ist, lässt sich
schon in knappen Wörterbucheinträgen erkennen (RL, Bd. 2, S.
443-448). Erst recht liegt damit das Problem offen zutage, ob es
um Sprachen und Literaturen in ihrer Binnengliederung geht –
oder um deren Entstehungsgründe, historischen Verwendungs-
zusammenhänge, um soziale Gefüge, um anthropologische Bedingungen, kognitive Leistungen.

Der Begriff der Philologie ist anders gebildet als Disziplinen-
begriffe wie Biologie oder Geologie. Er bezeichnet nicht die
Lehre von etwas, sondern, aus dem gr. *philos* (›zugetan‹, ›liebend‹)
und *logos* (›Wort‹, ›Rede‹) abgeleitet und über das lat. *philologia*
vermittelt, die ›Liebe zum Wort‹ (RL, Bd. 3, S. 74). Der Philologe ist zunächst nicht mehr als ein Freund gelehrter Gespräche
(Zedler 1741, Sp. 1985). Zeichnet er sich dadurch aus, dass er sich,
wie nach ciceronischem Verständnis, über wissenschaftliche Zu-

sammenhänge zu unterhalten vermag (Horstmann 1989, Sp. 553)? Oder ist es das Wort, die Rede, für die er im engeren Sinn als Experte zuständig ist? In welchem Verhältnis stehen Wissensbezug und Redebezug?

Wie entwickelt sich aus einer affektiven Beziehung zum Gegenstand eine erkenntnisorientierte Relation? Geht es der Philologie um die Gewinnung von Erkenntnissen über sprachliche Phänomene, oder beschränkt sie sich auf die Überlieferung und Kommentierung komplizierter, kunstvoll gestalteter Texte? Wie steht eine verwissenschaftlichte Philologie zu Paralleltraditionen der Liebhaberei, des Dilettantismus, der Sammelleidenschaft und der Bestandspflege? Welchen Konjunkturen sieht sich die Philologie ausgesetzt, wie wählt sie den Gegenstand ihrer Zuneigung? Welche Zukunft kann die Philologie, die mit Zeugnissen der Vergangenheit zu tun hat, erschließen?

1.1 Liebe

Zwei grundsätzlich konkurrierende Philologieverständnisse lassen sich rekonstruieren. Das erste, das in der traditionellen Grammatik seinen Ursprung hat, setzt auf grundlegende Erkenntnisse in der Welt der Wörter – sprachliche Mikrostrukturen, literarische Makrostrukturen. Der lateinische Grammatiker Aelius Donatus (4. Jh. n. Chr.) soll eine Abhandlung *De structuris* verfasst haben, die sich mit metrischen Klauseln beschäftigt (DNP, Bd. 3, Sp. 775). Sprachtheoretiker des 17. und 18. Jahrhunderts denken über die Möglichkeit einer universalen Sprache nach, die Strukturmängel einzelner, historischer Sprachen hinter sich lassen kann (Subbiondo 1992). Nach dem »geistigen Wörterbuch«, den Grundlagen der menschlichen Sprache und Geschichte, fragt der italienische Vordenker Giambattista Vico (1725; 1744; 1990, § 145 [S. 93]).

Fordert Heinrich Wölfflin in den *Kunstgeschichtlichen Grundbegriffen* (1915) eine »Kunstgeschichte ohne Namen«, so wendet sich auch die Philologie des 20. Jahrhunderts verstärkt formalen Fragen zu, die über das historische Einzelobjekt, die Werkbiographie eines Einzeldichters hinausreichen. Der Romanist Hugo Friedrich (1904–1978) tritt mit seiner Studie *Struktur der modernen Lyrik* (1956) hervor, in der er für eine ausgenüchterte, überpersönliche Philologie plädiert. Der Strukturalismus im engeren Sinn, der sich zuerst in Osteuropa, dann an der US-Ostküste und in Paris aus dem Dialog von Ethnologie und Philologie entwickelt, eröffnet amerikanischen und westeuropäischen Wissenschaftlern eine Forschungsperspektive – und die Aussicht, eine Weltanschauungsphilologie zu verabschieden, die in politischen Diensten steht (Müller/Lepper/Gardt 2010). Roman Jakobson (1896–1982), führende Figur im Moskauer und im Prager Linguistenkreis, Professor in Harvard und am Massachusetts Institute of Technology (MIT), sieht sich selbst nicht in erster Linie als avantgardistischen Literaturtheoretiker, sondern, bescheidener, als »Russian philologist« (Pollock 2009, S. 933).

Eine solche strukturorientierte Philologie ist notwendigerweise transnational ausgerichtet. Beobachtungen, die oberhalb und unterhalb der Ebene des Einzeltexts ansetzen, können sich, wie in Hutcheson M. Posnetts (1886, S. V-VI) Programm der »Comparative Literature«, auf die vergleichende Grammatik und Sprachwissenschaft beziehen, die sich seit Franz Bopps *Vergleichender Grammatik* (1833–52) entwickelt: »The designation had apparently been coined in emulation of such nomenclatures as the *Vergleichende Grammatik* of Bopp, or Comparative Anatomy, Comparative Physiology, Comparative Politics.« (Gayley 1903, S. 57)

Die grammatisch geprägte, an Strukturmustern, Regelmäßigkeiten, Gesetzmäßigkeiten interessierte Philologie bekommt es mit großen Mengen von Material zu tun – es gebe, heißt es in dem Entwurf (1884) des Germanisten Wilhelm Scherer (1841–1886) für sein philologisches Seminar in Berlin, »keine wissenschaftliche Untersuchung auf dem Gebiet der Philologie und Geschichte, die mit einem oder wenigen Büchern geführt werden kann«. Notwendig sei der »unbehinderte, sofortige und gleichzeitige Gebrauch vieler Bücher« (Meves 2011, S. 843). Ein solcher Zugriff findet unter den Bedingungen globaler Kanonpluralität und digitaler Textverfügbarkeit seine aktuelle Entsprechung in der Korpuslinguistik und in der vergleichenden Literaturgeschichte – »distant reading« lautet das Begriffsangebot des italienisch-amerikanischen Komparatisten Franco Moretti (geb. 1950), der sich mit historischen Makroentwicklungen, darunter mit dem europäischen Roman des 19. Jahrhunderts beschäftigt (2000, S. 56). Der Sanskrit-Forscher Sheldon Pollock (geb. 1948) fordert die Verabschiedung subjektivistischer Interpretationstraditionen, die sich auf einen engen muttersprachlichen Kanon beziehen: »Disciplines can no longer be merely particular forms of knowledge that pass as general under the mask of science; instead, they must emerge from a new global, and preferably globally comparative, episteme and seek global, and preferably globally comparative, knowledge.« (Pollock 2009, S. 948)

Das zweite Philologieverständnis, das von der Textkritik und der Hermeneutik ausgeht, besteht auf der unhintergehbaren Einzigartigkeit und Eigenwilligkeit des sprachlichen Zeugnisses, des herausragenden Textes. Täuscht die »strenge Ordnung der Grammatik« (Alt 2007, S. 18) nicht über die Komplexität der Sprache, erst recht des literarischen Kunstwerks hinweg? Bouvard und Pécuchet, die tragikomischen Figuren in Flauberts gleichnamigem

Roman (1881), erleben ein Desaster, als sie sich von der Grammatik die »Vermittlung letzter Wahrheiten« erhoffen: »Am Ende erschließt sich auch in den fest umrissenen Landschaften der Grammatik keine klare Orientierung; Flauberts Helden müssen erkennen, daß die überlieferten Prinzipien des Textverstehens schwankend und in sich zweifelhaft bleiben: ›Ils en conclurent que la syntaxe est une fantaisie et la grammaire une illusion‹.« (Alt 2007, S. 18)

Kann man sprachliche, erst recht literarische Phänomene nicht ausschließlich auf der mikrologischen Ebene rekonstruieren und verstehen? Das *Hildebrandslied* gibt es nur einmal – ein einziger Text in einer einzigen Handschrift aus dem 9. Jahrhundert. Der Etymologe Johann Georg von Eckhart (1664–1730) bietet ein frühes Faksimile in den *Commentarii de rebus Franciae Orientalis* (1729, S. 864-866). Über Shakespeares Tragödien oder über Hölderlins Fragmente forschen Generationen von Philologen doch offenbar nicht, weil die Verse unzähligen sprachlichen Äußerungen ihrer oder einer anderen Zeit gleichen würden, sondern gerade weil sie sich signifikant unterscheiden. Literarische Texte setzen nicht bloß grammatische Regeln um, sondern brechen solche Regeln – und bedürfen deshalb, wie Friedrich Schleiermacher (1768–1834) bemerkt, in ihrer individuellen Anlage einer besonderen Verstehensanstrengung. Wilhelm Dilthey (1833–1911) begreift die Philologie entsprechend als einen Zusammenhang, der auf die »Erkenntnis des Singulären« gerichtet ist (Alt 2007, S. 16).

Individualität (von lat. *individuum*, ›Einzelnes‹, ›Unteilbares‹) steuert als Leitbegriff die poetischen und hermeneutischen Debatten seit der zweiten Hälfte des 18. Jahrhunderts (HWbPh, Bd. 4, 1976, Sp. 314-318). Ähnlich verhält es sich mit dem Begriff der Singularität (von lat. *singularis*, ›einzeln‹, ›ausgezeichnet‹). Nachdrückliche Kritik handelt sich deshalb eine Philologie ein, die Strömungen, Gruppen, Epochen typisiert. Solche Muster, bemerkt der Germanist Wolfgang Braungart,

»stabilisieren und verengen den Kanon und fördern ein Verständnis vom Autor als ›Vertreter‹, als ginge es um Staubsauger und Versicherungen. In Lessing sieht man gerne einen ›typischen Vertreter‹ ›der‹ Aufklärung und in Heinrich Böll einen ›typischen Vertreter‹ ›der‹ bundesrepublikanischen Nachkriegsliteratur. Als könnte es für einen Autor nichts Größeres geben, als eine Epoche, als eine Tendenz, eine ›Strömung‹ zu ›vertreten‹. Dabei ist es doch bei literarischen Texten, beim Ästhetischen überhaupt, nicht anders als bei Menschen: Das Individuelle zieht uns an und fesselt uns, nicht das Allgemeine.« (Braungart 2012, S. 197-198)

Die Individualitätsphilologie, die sich den Strukturfragen entgegenstemmt, betont die Momente der Anziehung, der Faszination, der liebevollen Zuwendung zum Gegenstand um seiner Eigentümlichkeit willen. Die religiöse Herkunft eines philologischen Liebesdienstes lässt sich nicht verleugnen: Andacht, Versenkung, Berührung prägen den liturgischen Umgang mit heiligen Texten – ein »very close reading of very few texts—secularized theology« (Moretti 2000, S. 208). Entsprechend beschränkt sich die Individualitätsphilologie auf die geringe Zahl – auf wenige, komplexe Zeilen, die es zu klären gilt, auf die geliebten, existenzerhaltenden Bücher, die der Gelehrte auf der Flucht, der Pionier auf der Reise mit sich führt. Der amerikanische Literaturwissenschaftler J. Hillis Miller (geb. 1928) wirft einen respektvoll-ironischen Blick auf die amerikanische Predigertradition, die nicht ohne Folgen für eine Philologie des kleinen Kanons bleibt: »Both of my parents came from Virginia. My father was an ordained southern Baptist minister who later became a university president. I've a brother who is a Presbyterian minister. I've a grandfather who taught men's Bible class in a small country church in

Virginia for forty years, and knew the Bible backwards and forwards.« (Interview with J. Hillis Miller; Salusinszky 1987, S. 231) Noch in einem curricularen Vorschlag für das Literaturstudium in den USA aus dem Jahr 2011 steht an zweiter Stelle selbstverständlich der Punkt »Reading Sacred Texts« (Scholes 2011, S. 144). Wie lässt sich die Vorstellung vom heiligen Text mit säkularen Bedingungen vereinbaren?

Eine Philologieauffassung, die sich an der Einzigartigkeit und Unteilbarkeit sprachlicher Zeugnisse orientiert, geht über den sakralen Dienst hinaus. In der westeuropäischen wie in der osteuropäischen Literaturwissenschaft des 19. Jahrhunderts prägt sich eine Dichterverehrung aus, die Personenkult und biographische Forschung verbindet. Der in Yale lehrende Slawist Victor Erlich (1914–2007) spottet: Autorbiographische »Liebesgeschichten galten ebensoviel wie Liebesgedichte« (Erlich 1955; 1973, S. 181). Zum individuellen Verstehen, das für den modernen Liebesbegriff von entscheidender Bedeutung ist, tritt der sinnliche Aspekt – der akustische Reiz der Sprache, die visuelle Gestaltung der Schrift, das ästhetische Moment, das gerade auf der unverwechselbaren Abweichung von Regel und Standard beruht. Nicht bloß aus Provokationswillen fordert die Kulturkritikerin Susan Sontag (1933–2004) eine »erotics of art«, die sich einem rationalisierenden Zugang widersetzt (Sontag 1964; 2001, S. 14). Kann die Philologie über die Lust hinwegsehen, die der Umgang mit Sprache, mit Literatur bereiten kann – jenseits eines lesepädagogischen oder buchvermarktenden Lustbegriffs? Der französische Literaturtheoretiker Roland Barthes (1915–1980) beobachtet ein Phänomen, das er *Le Plaisir du texte* (1973) nennt – in der deutschen Übersetzung *Die Lust am Text*. Präziser müsste der Titel lauten: am komplexen, literarischen Text – denn es handelt sich nicht um die reine Lust am sprachlichen Gelingen, sondern an dessen verführerischer Uneinlösbarkeit. Barthes fragt nach dem

Genuss an der Sprachentstellung und spottet über eine empörte Öffentlichkeit, die Sprache und Natur verwechselt: »J'irai jusqu'à jouir d'une *défiguration* de la langue, et l'opinion poussera les hauts cris, car elle ne veut pas qu'on ›défigure la nature‹.« (Barthes 1973, S. 61)

Gelten die öffentliche Aufmerksamkeit und die private Sympathie eher der Liebesbeziehung als der Erkenntnisbeziehung, eher der warmen als der kalten Philologie? Kann nur der zweite, der individualisierende Zugang den Liebesbegriff der Philologie zu Recht für sich beanspruchen? Sagt man nicht umgekehrt, dass die Liebe blind machen kann? Steht ein Begehren, das nicht karitativ, sondern offen erotisch ist – und das, wie bei Barthes reflektiert, vor sprachsadistischen Phantasien nicht haltmacht – für raffinierte Abstraktion oder allegorische Überhitzung? Hugo Friedrich besteht in seinem Strukturbuch auf dem Vorrang der nüchternen Erkenntnis vor dem ästhetischen Liebesbekenntnis: Man möge die moderne Dichtung lieben oder sich von ihr verabschieden – »aber es muß eine erkennende Liebe oder ein erkennender Abschied sein« (Friedrich 1956, S. 154).

Tatsächlich ist es, wenn von philologischer Forschung die Rede sein soll, mit dem Liebesbegriff nicht getan. Wo von Wortliebe die Rede ist, kann der Wortliebeskummer nicht ausbleiben. Unübertroffen ist das Bild des philologischen Liebhabers in Vladimir Nabokovs *Pale Fire* (1962): Charles Kinbote ediert und kommentiert ein leicht zugängliches Gedicht seines Hausnachbarn John Shade, indem er den Leser nicht nur mit obsessiven Interpretationen plagt, die angebliche Tiefenschichten des Textes freilegen, sondern auch mit seiner eigenen Lebensbeichte belästigt. Der selbsternannte Philologe behauptet, eigentlich Charles der Geliebte, König von Zembla, zu sein – und nach einer Revolte in Zembla an der US-Universität von New Wye einen Zufluchtsort gefunden zu haben. Kinbotes Verehrung für seinen Lieblingsdichter John Shade erweist sich als selbstverliebtes Wahnprojekt: Das Gedicht *Pale Fire* enthalte nichts weniger als eine Verschronik von Zembla, in der die Flucht des Königs beschrieben werde – aus dem Material, das er, Kinbote, dem Dichter selbst geliefert habe. Enttäuscht das Gedicht, in dem von all dem nicht die Rede zu sein scheint, den Philologen, so schlägt dieser mit der Zensurvermutung zurück: »We may conclude that the final text of *Pale Fire* has been deliberately and drastically drained of every trace of the material I contributed.« Nabokovs so luzide wie bestürzende Parodie überlässt dem Leser die Beobachtung, wie der kommentarversessene Protagonist sich in den Tiefen der Lesarten selbst begräbt: »Despite the control exercised upon my poet by a domestic censor and God knows whom else, he has given the royal fugitive a refuge in the vaults of the variants he has preserved.«[2]

Die ›Liebe zum Wort‹ (RL, Bd. 3, S. 74) erzeugt die Detailaufmerksamkeit, die für philologische Untersuchungen grundlegend ist. Aber ist alles, was sprachlichen Phänomenen nahetritt, schon Philologie? Schließt umgekehrt die Fernbeziehung zum Sprachgegenstand aus, dass Liebe im Spiel ist? Liebe allein genügt nicht, wenn Philologie nicht Liebhaberei bleiben will. Liegt die philologische Erkenntnis in der abstrakten Analyse sprachlicher und literarischer Funktionen – oder in der Hingabe an das einzelne, unbeherrschbare Textgeschehen? Natürlich ist eine solche Aufteilung der Philologie ihrerseits nicht mehr als ein Strukturierungsangebot, das sichtbar machen will, dass es jedenfalls mit einer eindimensionalen Definition von Philologie nicht getan ist. Strukturphilologie und Individualitätsphilologie, mikrologisches und vernetzendes Denken bleiben aufeinander angewiesen (Alt 2007, S. 9).

Manfred Frank unternimmt in seiner Rekonstruktion von Schleiermachers Hermeneutik den Versuch, beide Aspekte zu verschränken, wenn er ausführt, dass die »Singularität des Allgemeinen und die Universalität des Einzelnen als untrennbare Momente eines einigen Ganzen« gewahrt bleiben wollen (1977, S. 157). Wie eine medizinische Laborforscherin nicht leugnen würde, dass ihre Erkenntnisse der Behandlung von Individuen dienen, deren Befinden sich nicht auf statistische Werte reduzieren lässt – und der überzeugteste Alternativmediziner umgekehrt nicht behaupten würde, dass die Wirkung des Penicillins in individualisierten Patientengesprächen, nicht in einer Laborumgebung bemerkt wurde, so verhält es sich auch in der Philologie: Zuwendung zum Einzelnen und strukturelle Beobachtung stehen sich keineswegs so unversöhnlich gegenüber, wie wechselseitige, polemische Angriffe es vermuten lassen.

Vielfältige Überschneidungen, Verschränkungen lassen sich erkennen: Werden nicht ausgerechnet die Brüder Grimm, die große Materialmengen unter grammatischen und lexikographischen Gesichtspunkten bearbeiten, zum Musterbeispiel für die vereinzelnde Konzentration und Detailtreue – in »zufriedener Liebe« und im »engen Daseinskreis« (Scherer 1893, S. 7)? Kann nicht Roland Barthes umgekehrt dem philologischen Strukturalismus zugeordnet werden, auch wenn zur strukturalistischen Position das Dementi der Gruppenzugehörigkeit gehört? Setzt er in *S/Z* nicht mit der Frage an, wie »alle Erzählungen der Welt (sie sind Legion) aus einer einzigen Struktur« herausgelesen werden können (Barthes 1970; 1976, S. 9) – oder umgekehrt aus allen Erzählungen der Welt eine einzige Struktur herauszufiltern ist?

Trotzdem helfen die vorläufigen Markierungen. Sie machen eine Philologie der Distanz und Beobachtung einerseits, eine Philologie der Nähe und Berührung andererseits wiedererkennbar – auch im globalen, differenzsensiblen Vergleich. So kann

Zong-Qi Cai (2010, S. 103) mit Blick auf die chinesische Interpretationstradition *guanren* feststellen: »This tradition features mainly two opposing interpretive approaches, one thoroughly objective and analytical and the other, highly subjective and aesthetic.«

Das doppelte Philologieverständnis, die Konkurrenz von Strukturinteresse und Gegenstandsliebe irritiert den Außenbetrachter – und macht zugleich den Reiz einer Fachkonstellation aus, die anders angelegt ist als benachbarte Konstellationen. Mit der Liebe zum Wort ist die Liebe zur Philologie nicht zu verwechseln, die Dieter Borchmeyer in seiner Rezension von Ottmar Ettes Buch *ÜberLebenswissen* (2004) begeistert aufgreift (*Die Zeit*, 24. Februar 2005): »amor vincit omnia« – die Liebe überwindet alles. Wenn aber die Liebe zur Philologie einen Grund hat, könnte er in der irritierenden Faszination des Doppelgesichts liegen?

1.2 Interesse

Nähert man sich der Philologie, so hilft es, nicht zuerst nach ihren Ergebnissen zu fragen, sondern nach dem, was sie wissen will (Schwindt 2009, S. 8). Der Wissenschaftsjournalist Jürgen Kaube stellt bei einem Blick auf das Programm des Marburger Germanistentages 2007 fest, dass Philologen häufig, wenn sie um Auskunft gebeten werden, was sie beschäftigt, nicht sagen, dass sie die Frage X beantworten oder das Problem Y lösen wollen.

»Man schreibt ›über X‹ oder arbeitet ›zu X‹, wobei X die Werkteilmenge eines Autors sein kann (›Ein Zugang zur Metaphorik bei Rainer Maria Rilke‹), der Vergleich mehrerer Werkteilmengen mehrerer Autoren (›Erinnerungsarbeit bei Rainald Goetz und Dieter Bohlen‹), eine Gattung (›Zur Autobiographik der siebziger Jahre und ihren didaktischen Konsequenzen‹), ein ›Diskurs‹ (›Der Code der Galanterie‹) oder eine Reihe von Begriffen ist (›Fortpflanzung und Sesshaftigkeit im 'Bürgerlichen Realismus'‹).« (Kaube 2007, S. 35)

Nun verhält es sich keineswegs so, dass die Philologien keine Fragen formulieren würden – warum hat das 20. Jahrhundert die Schriften des Marquis de Sade ernst genommen, fragt der französische Literaturwissenschaftler Eric Marty (2011): *Pourquoi le XXe siècle a-t-il pris Sade au sérieux?* Kaube führt das Beispiel des Anglisten David Womersley an, der fragt: »Why is Falstaff fat?«[3]

Auch lässt sich aus einem Titel ohne Fragezeichen noch nicht schließen, dass in einem philologischen Vorhaben keine Frage steckt. Wird ein Mangel an Fragen, ein Hang zur Ausbreitung von Themenwissen festgestellt, so bedeutet das häufig nicht, dass sich keine Fragen, wohl aber zu wenige *große* Fragen erkennen lassen. Nehmen wir eine exemplarische Publikation – etwa einen neueren Aufsatz des Amerikanisten Charles Altieri: »Reading Bradley after Reading Laforgue: How Eliot Transformed Symbolist Poetics into a Paradigmatic Modernism«. Die Kurzzusammenfassung beginnt mit dem Satz: »This essay asks how T. S. Eliot's dissertation work on F. H. Bradley influenced changes in his poetry.«[4]

Der Aufsatz stellt zweifellos eine Frage – aber hat er auch ein Problem? Die Philologien haben sich wie die Physik oder die Mathematik in den vergangenen zwei Jahrhunderten so stark ausdifferenziert und spezialistische Forschungsfelder aufgebaut, dass einzelne Projekte notwendig kleinteilig wirken müssen. Verbirgt sich hinter Detailfragen die reine Selbstaufforderung zur Ausbreitung von Kenntnissen, die niemand angefordert hat? Die Beobachtung, die Kaube anstellt, reicht einen Schritt weiter. Sie erfasst ein Phänomen, das in die Tiefenstruktur der Philologie zurückgeht.

Die Frage nach der philologischen Frage führt ein Schattendasein, solange sich die Philologie als Liebesangelegenheit versteht. Die Wörterliebe freut sich am Sprachwissen, staunt über Sachkenntnis. Sie fragt nicht nach. *De nuptiis Philologiae et Mercurii* – »Von der Hochzeit der Philologie und des Merkur«, so lautet der Titel, unter dem eine allegorische Darstellung des römischen Enzyklopädisten Martianus Capella weite Verbreitung findet. Der Text, der auf das 5. oder frühe 6. Jahrhundert datiert wird, schildert die Hochzeit des Götterboten Merkur mit der sterblichen Jungfrau Philologia. Die Braut, die den Kanon der Gelehrsamkeit vertritt, wird von der Götterversammlung in den Kreis der Unsterblichen aufgenommen. Der Bräutigam Merkur bringt seiner künftigen Gattin sieben Dienerinnen mit, die sich als die sieben freien Künste, die *septem artes liberales*, vorstellen. Damit gebietet die Philologie nicht nur über Grammatik, Dialektik und Rhetorik (*trivium*), sondern auch über Geometrie, Arithmetik, Astronomie und Musik (*quadrivium*).

Warum wird die Philologie mit dem Götterboten vermählt? Wenn beide die Liebe zum Wort, zur Rede verbindet, warum befasst sie sich dann mit mathematischen und astronomischen Inhalten? Wenn sie auf universales Wissen zugreift, während Merkur die Kunst der Rede einbringt, wie unterscheidet sie sich dann von der Philosophie, der in der mittelalterlichen Fakultätsstruktur die freien Künste zugeordnet werden? Kommen Philologie und Merkur in der Liebesheirat zusammen – oder verbinden sie sich in der Vernunftehe? Lautet die Antwort auf die Frage, was die Philologie wissen will, schlicht: *alles*? Oder integriert der philologische Ansatz die Wissensbestände medial, die sich durch Schriftgelehrsamkeit aneignen und durch Beredsamkeit weitertragen lassen? Die Liebesphilologie tut sich schwer, spezifische Fragen zu isolieren – sie will umfassen, nicht sezieren.

Auf philologische Meisterwerke richtet sich die Erwartung, dass ihnen die »Hochzeit der Philologia mit Merkur« noch einmal gelingt – so wie Martin Stingelin über Roland Barthes' legendäre Balzac-Studie *S/Z* schreibt, sie zeige die »Vermählung der obsessiven Liebe zu jedem einzelnen Wort eines literarischen Kunstwerks mit dem Forschergeist, dessen Bedeutungen zu entziffern, um seinen Sinn zu enträtseln« (Stingelin 2012, S. N3). Christopher M. Sperberg-McQueen, Pionier der *Text Encoding Initiative* (TEI), einem Konsortium, das Standards für die digitale Textdarstellung entwickelt, nimmt Merkur als den Schutzherrn der Informatik in Anspruch und feiert so noch einmal die Hochzeit der Philologie und des Merkur in der digitalen Datenverarbeitung (Sperberg-McQueen 2001, S. 3-4). Martianus Capella versteht unter Philologie freilich nicht bloß das sprachspezifische Kernanliegen, das ihr Name vermuten lässt. Die Liebe zum gesprochenen und geschriebenen Wort, in der Hochzeitsallegorie mit den Wissenschaften, der Kommunikation, der Reise und dem Handel zusammengeführt, liefert vielmehr den Rahmen für ein enzyklopädisches Lehrbuch. Unabhängig von den religiösen und philosophischen Absichten, die Martianus Capella in seiner Zeit verfolgt, tritt der Text im mittelalterlichen Bildungs- und Universitätssystem seinen Siegeszug an – als Buch der Antworten.

Nicht Liebe und Sorge, sondern kritisches Interesse, wissenschaftliche Neugier, Fähigkeit zur intensiven Arbeit bilden die Grundlage für die Frage, was die Philologie wissen will. Spätestens seit dem 18. Jahrhundert lautet in Westeuropa die Antwort nicht mehr: alles, was geschrieben steht. Sondern: Woher kommt ein Text, woher ein Wort, woher die Sprache? Kann man der Überlieferung trauen, welche Fehler haben sich in der Tradition eingeschlichen, auf welche Weise lässt sich der authentische Wortlaut rekonstruieren? Wie kann man einen Text aus einer fremden Sprache, einer fernen Zeit angemessen verstehen?

Die »Erkänntniß der Hauptsprachen« markiert der Artikel »Philologi« in Zedlers *Universal-Lexicon* 1741 als Aufgabe. Das Beharrungsvermögen der philologischen Tradition ist freilich im Zeitalter des aufklärerischen Aufbruchs nicht zu unterschätzen. So heißt es eingangs in dem genannten Artikel:

> »Philologi sind eigentlich diejenigen zu nennen, welche sich in ihrem reden und schreiben einer reinen, zierlichen und wohllautenden Art bedienen.« (Zedler 1741, Sp. 1984)

Damit ist die rhetorische Traditionslinie erfasst, die seit der Spätantike das philologische Handeln bestimmt. Der Reiz der Definition liegt in ihrem integrativen Anspruch – sie erfasst jeden, der sich Grundzüge der Grammatik und Rhetorik angeeignet hat. Redetalent, Fähigkeit zum regelkonformen, gar zum innovativen Umgang mit Sprache finden wir im öffentlichen und privaten Alltag glücklicherweise weit verbreitet. Trotzdem würden wir einen Zeitgenossen, der in der Lage ist, eine treffende Formulierung zu finden, einen Liebesbrief zu schreiben, einen Witz zu verstehen oder eine Wahlkampfrede zu halten, noch nicht als Philologen bezeichnen. Umgekehrt würden nüchterne Philologen sich in ihrer eigenen Schreibpraxis für die »reine, zierliche und wohllautende Art« unzuständig erklären – und auf die literarische Arbeit verweisen. Trifft die Definition nicht tatsächlich ein dichterisches Selbstverständnis der Vormoderne stärker als ein philologisches? Müsste der Satz nicht lauten, *Dichter* seien diejenigen zu nennen, die sich »in ihrem reden und schreiben einer reinen, zierlichen und wohllautenden Art« bedienen? Schon literarische Autoren des späten 18. Jahrhunderts hätten sich freilich gegen die Zumutung der Zierlichkeit und des Wohllauts gewehrt.

Ist mit der Definition aus dem Jahr 1741 für die philologische wie literarische Gegenwart auf den ersten Blick nicht mehr viel anzufangen, so markiert sie doch das Grenzproblem der Philologie. Sie handelt sich den Vorwurf der Anmaßung ein, wenn sie das Alltagswerkzeug der Sprache für Expertendebatten beschlagnahmt – und die Spezifizitätsfrage, wenn sie in den Sprachgebrauch eher einübt, als ihn aus kritischer Distanz zu analysieren. Der Komparatist Werner Hamacher bemerkt einen »anti-philologischen Affekt«: »Unter den Geisteswissenschaften gilt die Philologie zunehmend als das kleinliche, immer etwas verkniffen betriebene, weltfremde und im Zweifelsfall weltfeindliche Geschäft von Spezialisten, die sich anmaßen, als Disziplin auszuüben, worin jeder, der lesen kann, selbstverständlich ein Meister sein sollte.« (Hamacher 2009, S. 1-2)

Verwischt ein Verständnis von Philologie, das auf Sprach- und Schriftkompetenz setzt, den Begriff bis zur Unkenntlichkeit? Steckt dahinter ein pädagogischer Anspruch, der allgemeine Zugänglichkeit und Aneignungspflicht durchsetzen will? Ist nicht jedes Kind schon ein Philologe, wenn es Vergnügen am Spracherwerb zeigt, Wortspiele übt? Oder parodiert der Satz von der selbstverständlichen Meisterschaft die Irritation des modernen, westlichen Laienpublikums, das der Philologie ihre Expertise abspricht – reden, lesen und schreiben könne schließlich jeder?

Der Artikel »Philologi« in Zedlers *Universal-Lexicon* aus dem Jahr 1741 lässt es damit unterdessen nicht bewenden. An zweiter Stelle nennt er als Aufgabengebiet die Kenntnis der »Historie«, d.h. der

»Wissenschaft der alten Fabeln, von allerhand Gebräuchen, alten Gesetzen, Ordnungen und Gewohnheiten, von der Geographie, Genealogie,

Chronographie, von der wahrhaftigen Historie der Kirchen- und Policey-Sachen, wie auch was sich mit gelehrten Leuten und Disciplinen hin und wieder zugetragen, wie dieselben gewachsen und wodurch sie wieder in das Abnehmen gekommen.« (Zedler 1741, Sp. 1984)

Dieser zweite Teil der Definition ist schon interessanter. Er erfasst nicht bloß die Gelehrsamkeit, sondern die Gelehrtengeschichte, die sogenannte *historia literaria*, und die Wissenschaftsgeschichte (Grunert/Vollhardt 2007). Einen lebendigen Eindruck von der begrifflichen Praxis vor dem 19. Jahrhundert vermittelt die Abteilung »Philologia« in der »Consignation«, die 1768 bei der Übernahme der Meßkirchener Büchersammlung in die Fürstlich-Fürstenbergische Bibliothek Donaueschingen angelegt wird: Man findet dort alt- und neusprachliche Wörterbücher, Klassikerausgaben und französische Dramen des 17. Jahrhunderts, rhetorische Traktate des 16. und 17. Jahrhunderts, Kaspar Stielers *Der Teutschen Sprache Stammbaum Oder Teutscher Sprachschatz* (1691), Johann Schilters *Thesaurus antiquitatum teutonicarum* (1728) und Johann Hübners *Bibliotheca genealogica, das ist ein Verzeichnis aller alten und neuen genealogischen Bücher von allen Nationen in der Welt* (1729) – kurz: sprach- und literaturhistorische Werke, aber auch hilfswissenschaftliche Kompendien, die man eher in den Geschichtswissenschaften vermuten würde.[5] Friedrich August Wolf (1759–1824), der die Homer-Philologie revolutioniert, gibt den historischen Forschungsschwerpunkt des 19. Jahrhunderts vor, wenn er in der Hallenser Vorlesung im Wintersemester 1798 feststellt, philologische Erkenntnis sei historische Erkenntnis aus schriftlichem Material: »*Logoi* sind bei den Alten historische Kenntnisse und *philologos* ist der, welcher aus Schriften älterer Zeiten diese schöpft.« (Wolf 1798; 1831, S. 5)

Liegt das Erkenntnisziel der Philologie also nicht in der Untersuchung sprachlicher Strukturen, sondern in der Entschlüsselung vergangener Mitteilungen – im Zugang zu verschütteten Kulturen? Auch mit einem solchen historischen Verständnis gibt sich der Artikel in Zedlers *Universal-Lexicon* noch nicht zufrieden, wenn er auf das grammatische und textkritische Potential der Philologie verweist:

»Und so nach gehören hieher alle, die von Schriften und Sprachen, deren Erlern- und Vergleichung unter einander geschrieben und entweder um die so genannte allgemeine Schrift und Sprache sich bemühet, oder allgemeine Lehrsätze von Sprachen gegeben, oder besondere Sprachen gründlich untersuchet, oder über die von alten Zeiten auf uns gekommene Schriften und deren Richtigkeit über die davon vorhandenen alten Abschriften, derer mancherley im Druck ergangene Auflagen, nöthige Verbesserungen u.d.g. ihr Urtheil ergehen lassen.« (Zedler 1741, Sp. 1984)

Erst die dritte Definition, die Philologie im Sinne einer »Lehre von den Sprachen, deren Natur, Beschaffenheit und unterschiedenem Gebrauch« (ebd., Sp. 1985), zielt auf die philologische Tätigkeit im engeren Sinne. Sie dringt von der praktischen Kenntnis des sprachlich verfassten Gegenstands zu den Konstituierungsprozessen vor, d.h. zur vergleichenden Sprachkunde, zur Sprachgeschichte, zur Textkritik.

So bemerkt der Historiker Johann Martin Chladenius, die Expertise der Philologie sei gefragt, wenn älteres oder fremdes Sprachmaterial zur Verhandlung stehe (1752; 1985, S. 358). Offenbar besteht ein antiproportionales Verhältnis zwischen der vermuteten Zugänglichkeit des Materials und der veranschlagten Notwendigkeit philologischer Behandlung. Sheldon Pollock hat dieses Verhältnis auf die plakative, gleichwohl treffende Formel gebracht, dass philologische Erkenntnis nicht auf familiärer

Intimität, sondern nur auf interessierter Distanz beruhen könne: »That is why (spatially) Persian philology is an Indian phe-
nomenon, why (temporally) Valla was concerned not with Ita-
lian but with Latin, and why Sanskrit—the eternal language of
the gods—is the most philologized of any language on earth.«
(Pollock 2009, S. 950)

Nicht der Heimatkunde, die sich als unzutreffend verkitsch-
tes Bild der philologischen Romantik ausprägt, sondern der Auf-
schlüsselung des Schwierigen und Fremdartigen verdankt die
Philologie demnach ihre Leistungen – wobei zuweilen das europäische Mittelalter für den modernen Philologen fremdartiger
sein kann als manche populären Teile der argentinischen oder
japanischen Gegenwartsliteratur.

Nicht voreilig beiseite legen sollte man die Frage, welche Er-
kenntnisinteressen und Motivationen hinter dem stehen, was die
Philologie wissen will. Interesse (von lat. *interesse*, ›teilnehmen
an‹) meint Aufmerksamkeit – eine kognitive Investition, die auf
Werturteilen beruht. Erweiterungsbedürftig ist deshalb die Aus-
gangsfrage danach, was die Philologie wissen will – warum will
sie das wissen? Ist der Erkenntnisaufwand plausibel investiert?
Steht sie in Interessenkonflikten, die Erkenntnisse verhindern?
Die Philologie in der enzyklopädischen Tradition von *De nuptiis
Philologiae et Mercurii* läuft Gefahr, alles, was auf Sprache beruht
oder in Sprache verfasst ist, schon als solches interessant zu finden – die Sprechkontexte eingeschlossen. Steffen Martus spricht
von einer »Kultur der selektionslosen Aufmerksamkeit« (2007,
S. 5). Der Eindruck einer *philologia perennis*, einer immerwäh-
renden, überzeitlichen Philologie, den der Artikel in Zedlers *Universal-Lexicon* vermittelt, täuscht hingegen. Unterhalb des Ge-
neralinteresses, vor dem sich die Philologie in regelmäßigen Ab-
ständen selbst warnt, ergibt sich eine Geschichte nicht nur der

philologischen Erkenntnis, sondern des philologischen Interessenwandels, die erst noch zu schreiben ist.

1.3 Praxis

Stellt die Philologiegeschichte ein wichtiges Beobachtungsinstrument bereit, so darf sie sich nicht auf Interessenanalysen beschränken. Wer die Geschichte der europäischen Sinologie darauf reduziert, welche missionspolitischen Ziele die Jesuitenmissionare des 17. Jahrhunderts verfolgen, der schneidet Erkenntniswege ab – und stellt die Philologie ins Depot der unbrauchbaren Dinge. Solches gilt auch für die Wissenschaftsgeschichte der DDR, wenn sie den angloamerikanischen *New Criticism* auf dem »soziologischen Nährboden« eines »auf gesellschaftlichen Privilegien« insistierenden Besitzbürgertums wachsen sah (Weimann 1962; 1974, S. 96-100). Philologische Arbeit reagiert nicht bloß auf politische, gesellschaftliche, kulturelle und religiöse Interessen, sondern prägt ihre eigene Aktivität, ihre eigenen Praxisformen aus, die Reaktionen in ihren Umwelten auslösen.

Will man nicht fragen, was Philologie *ist*, dann ergibt sich also, neben der Frage nach dem, was sie wissen will, die Möglichkeit, danach zu fragen, was sie *tut*. Die Geschichte der Philologie greift Verfahren aus der Ethnologie, der Soziologie, der Psychologie auf. Sie versucht, das Befremden zurückzugewinnen, beobachtet philologische Handlungen wie fremdartige Rituale, wie Konditionierungsexperimente im Labor. Die Untersuchung der »eingeschliffenen Verfahrensroutinen« fällt in den Philologien freilich schwer, weil sich »Selbstreflexion«, wie Steffen Martus und Carlos Spoerhase (2009, S. 89) feststellen, »meist auf die Ebene des Regelwissens konzentriert und das Anwendungswissen dabei vernachlässigt«. Den »handwerklichen« Wissensformen, die rasch aus dem Blick geraten, gilt die praxishistorische Aufmerksamkeit.

Eine Möglichkeit, die philologische Tätigkeit zu beschreiben, liegt in der Übung des Unterscheidens: Philologie macht feine Unterschiede. In politischen Debatten nennt man eine Differenz ›philologisch‹, wenn man den Eindruck erwecken will, dass es sich um eine Expertenfrage handelt, die für die grobkörnigere Entscheidungspraxis und das plakative Vermittlungsgeschäft keine unmittelbare Relevanz hat.[6] Philologie ist überall dort gefragt, wo Missverständnisse auftreten, wo Bedeutungen und Deutungen vermengt werden, wo es um den historisch präzisen Begriff geht. Differenzierung prägt die Phonologie und die Begriffsgeschichte, die Textkritik und die Hermeneutik. Will der Dogmatiker plakative Eindeutigkeit erzwingen, so fragt der Philologe sorgfältig nach, hebt Schichten voneinander ab. Minimalpaare zeigen, welchen Unterschied der Austausch eines Phonems macht. Wo Wörter zum politischen Kampfeinsatz gebracht werden, weisen philologische Studien begriffshistorische Nuancen nach (Starobinski 1983; 1989, S. 11-15). Die Unterscheidung von Überlieferungsalternativen, der Abruf von Kenntnissen der Lautlehre und der historischen Semantik stellt interpretatorische Weichen – weit über den philologischen Einsatzkontext hinaus: »Did the great Sanskrit playwright Bhavabhuti write about Rama, thinking back as a child on his child bride, that she excited the curiosity of his ›limbs‹ (aṅgānām) or of the ›queen mothers‹ (ambānām)? Was Shakespeare's flesh too ›solid‹ or too ›sullied,‹ Melville's fish ›soiled‹ or ›coiled‹? Such things matter, if anything textual matters.« (Pollock 2009, S. 952)

Lautet die außerphilologische Annahme: »Was macht es schon für einen Unterschied«, so achtet die philologische Textkritik auf Punkt und Komma (Nebrig/Spoerhase 2012, S. 13). Ist, abstrahiert betrachtet, selbst die Auslegung nach dem mehrfachen Schriftsinn, die aus der Perspektive der nachreformatorischen Hermeneutik geschmäht wurde, nichts anderes als die Einübung in die Unterscheidung von Interpretationsebenen? Aufgrund ihres Voraussetzungsreichtums handelt sich die Philologie den Verdacht ein, traditionsgebundene Wissensprivilegien zu hüten – und damit die elitären Bildungsgrenzen zu bestätigen, die der französische Soziologe Pierre Bourdieu nicht umsonst in *La distinction* (1979) als »feine Unterschiede« benannt hat: »Die Philologie steht zwischen der Haltung der Demut, die sie zur Dienerin des Wortes macht, und der Haltung der Hybris, die sie im Vertrauen auf ihr exklusives Wissen kultiviert.« (Alt 2007, S. 26)

Eine *zweite* Option, das philologische Tun einzufangen, liegt in der Definition von Karl Stackmann (RL, Bd. 3, 2003, S. 74), der in der Philologie eine »Wissenschaft« sieht, welche »Texte der Vergangenheit verfügbar macht und ihr Verständnis erschließt«. Zugänglichkeit, Verfügbarkeit, Erschließung – zweifellos praktische Leitbegriffe seit der humanistischen Bürgerphilologie. Philologie öffnet die Türen ehrfurchteinflößender Bibliotheken, verkapselter Archive, bahnt einen Weg zu unverständlichen und ausgestorbenen Sprachen. Wörterbücher, Grammatiken, Editionen, Literaturgeschichten tragen die Ergebnisse in die Seminare, in die Schulen, in die Öffentlichkeit. Auch in dieser zweiten Spielart philologischer Praxis liegt eine arbeitsteilig erbrachte Leistung für fachliche wie außerfachliche Kreise – die freilich in modernen, demokratisch strukturierten Gesellschaften, in denen die Freischaltung analoger oder digitaler Materialhalden den Verfügbarkeitsanschein erwecken, erklären muss, was sie mehr und besser kann als laienbetriebene Online-Wörterbücher und kommerziell gescannte Bibliotheken (Jannidis 2010, S. 114-126).

Präziser formuliert lautet die Aufgabe der erschließenden Philologie, in einem ersten Schritt überhaupt auf die Unverfügbarkeit aufmerksam zu machen. Das gilt für die Kartierung unbeachteter schriftlicher Überlieferung genauso wie für den interpretatorischen Aufschluss materiell greifbarer, aber darum noch nicht verständlicher Sprachzeugnisse. Erst recht gilt das für die Markierung der Grenzen einer Erschließungsrhetorik. Gerade eine Philologie, die ihr Handeln an der ressourcenpolitischen wie hermeneutischen Schlüsselmetapher orientiert, muss mit bedenken, dass dem aufklärerischen Durchdringungsanspruch der ästhetische Anspruch des unverfügbaren Sprachkunstwerks gegenübertritt. Eine pure Erschließungsphilologie führt in eine transparente, aber uninteressante Welt uniformer Metadaten, eine reine Unverfügbarkeitsphilologie in eine Welt der falschen Demut, des arkanen Raunens.

Wenn in programmatischen Texten der vergangenen Jahre die Metapher vom philologischen ›Handwerk‹ eine große Rolle spielt, dann macht sich die normative Debatte praxishistorische Ergebnisse zu eigen. ›Handwerk‹ bezeichnet einerseits den großen Bereich der eingeübten Routinen, die in einem bloßen theoriegeschichtlichen oder methodengeschichtlichen Zugang nicht zu erfassen sind – die buchstäblichen Handgriffe, die auf Erfahrungswissen und Konditionierung, nicht auf kalkulierte Steuerung zurückgehen. Andererseits meint ›Handwerk‹ ein technisches Können, das auf Spekulation und Spektakel verzichtet, sondern, sorgfältig und solide, ganz im Dienst verlässlicher Ergebnisse steht. In diesem zweiten Verständnis ist der polemische Zug unverkennbar – gegen die subjektive Einfühlungsphilologie, erst recht gegen den Theoriehype in den philologischen Fächern. Philologisches Handwerk sieht man bei Leo Spitzer (1887–1960) demonstriert, der 1951 auf die voraussetzungsreichen Interpretationen von Mörikes Gedicht *Auf eine Lampe* mit einem schlichten, treffsicheren Handgriff ins Bücherregal reagiert. Hatten Emil Staiger und Martin Heidegger den Vers »Was aber schön ist, selig scheint es in ihm selbst«, von der Doppeldeutigkeit des Verbs ›scheinen‹ (*videtur* vs. *lucet*) abhängig gemacht, so zieht Spitzer ein schwäbisches Wörterbuch aus dem Jahr 1831 zurate, das unter ›scheinen‹ die Bedeutungsoption ›schön sein‹ notiert: »Jeder Philologe wird, wie ich glaube, der Erwägung zustimmen, daß, wenn im Schwäbischen *scheinen* als ›schön, prächtig sein‹ geläufig ist und ein anderer schwäbischer Sprachgebrauch in dem Ausdruck ›in ihm‹ (statt ›in sich‹) desselben Verses vorliegt, unser Vers gedeutet werden muß: ›Das Schöne *prangt* selig in sich selbst.‹« (Spitzer 1951, S. 138)

Bei aller Bewunderung für diese so einfache wie verblüffende Korrektur, die der interpretatorischen Beliebigkeit Einhalt zu gebieten scheint (PMLA 105 [1990], H. 3, Special Topic: The Politics of Critical Language. Dialogue on Interpretation: Emil Staiger, Martin Heidegger, Leo Spitzer, S. 409-435), bietet auch Spitzers Vorschlag keine abschließende Lösung zum Verständnis des faszinierenden Verses. Die Sehnsucht nach dem philologischen Handwerk und das Interesse an philologischen Praktiken weisen romantische Tendenzen auf – so wie die verschiedenen Strömungen der europäischen Romantik sich an der Schwelle zum 19. Jahrhundert den Bildern vom einfachen Dorfleben, dem verklärten Mittelalter, der vorrationalen Tüchtigkeit, der Autoritätsmagie zuwenden. Eine erneute Materialbegeisterung hat die Philologie erfasst (Gumbrecht 2002; 2003, S. 88-108), eine Charismatisierung des philologischen Seminars (Clark 2006, S. 184). Zwischen der Weltläufigkeit der differenzkundigen, erschließungsbewussten Philologie und dem beschaulich inszenierten Heimatmuseum liegt seit dem 19. Jahrhundert nur noch ein kleiner Schritt.

1.4 Disziplin

Manche werden sich schon gefragt haben, welches Fach der Begriff der Philologie, der im Buchtitel im Singular verwendet wird, überhaupt erfasst. Der amerikanische Literaturtheoretiker Jonathan Culler (geb. 1944) berichtet:

»The way in which I most frequently encounter philology is in the library as that ubiquitous P that appears on so many of the books I am searching for. In the Library of Congress catalogue system philology appears as the P that begins with ›Language in general‹, P, and runs from PA, ›Classical languages and literatures‹, through such exotic subdivisions as PM (›Hyperborean and American Indian languages and literature and Artificial languages‹–a curious combination), all the way to PZ, ›Fiction in English‹, the very bottom of the philological heap.« (Culler 1990, S. 49)

›Philologie‹ als solche kann man an deutschen Gegenwartsuniversitäten nicht studieren, allenfalls einzelne, sprachspezifische Philologien – besser bekannt als die sprachlichen, literarischen und kulturwissenschaftlichen Fächer, die auf ›-istik‹ oder ›-logie‹ enden: Anglistik, Afrikanistik, Arabistik, Gräzistik, Germanistik, Finnougristik, Hebraistik, Indologie, Japanologie, Koreanistik, Latinistik, Romanistik, Slawistik, Skandinavistik, Sinologie, Turkologie usw. Wie steht der Philologiebegriff zu diesen einzelnen Fächern? »It is an accurate index of philology's fall from grace that most people today have only the vaguest idea what the word means. I have heard it confused with phrenology, and even for those who know better, philology shares something of the disrepute of that nineteenth-century pseudoscience.« (Pollock 2009, S. 933)

Quer zu den Einzelphilologien verläuft die langfristig angebahnte, im 20. Jahrhundert scharf durchgezogene Unterscheidung von Linguistik und Literaturwissenschaft – so dass die Fachbereiche vor der Entscheidung stehen, ob sie eine Säulengliederung nach Sprachen oder eine Schichtengliederung nach Untersuchungsabsichten vornehmen wollen. Dass der Philologiebegriff zu Beginn des 21. Jahrhunderts an Attraktivität zurückgewonnen hat, liegt nicht zuletzt an Partikularentwicklungen, am Reintegrationswillen der beteiligten Fächer und Fachquerschnitte angesichts gestiegenen Konkurrenzdrucks.

Eine Disziplin namens Philologie, für die man sich immatrikulieren könnte, gibt es, oberflächlich betrachtet, nicht – und darum bislang auch keine Einführung in die Philologie. Stattdessen liegen Einzeleinführungen vor: Gerhard Jägers *Einführung in die Klassische Philologie* (2. Aufl. 1980), Norbert Franz' *Einführung in die Slavische Philologie* (1994), Carlo Tagliavinis *Einführung in die Romanische Philologie* (2. Aufl. 1998) und zahlreiche andere. Historische Definitionen von Philologie sind so zahlreich und widersprüchlich, dass eigener, philologischer Aufwand getrieben werden muss, um die Begriffsgeschichte zu sortieren (DNP, Bd. 15/2, Sp. 237-327). Was bringt die Philologien zusammen?

Der Begriff Disziplin (von lat. *disciplina*, ›Ordnung‹, ›Unterrichtsfach‹) meint einen wissenschaftlichen Teilbereich, der sich, je nach Definition, durch einen gemeinsamen Gegenstand, ein gemeinsames Korpus an Grundwissen und rekursiv bearbeiteten Problemstellungen, gemeinsame Verfahren, gemeinsame Sozialisationsprozesse, Kommunikationszusammenhänge, Qualifikationsstandards und Karrierestrukturen auszeichnet. Bei der Klassifikation von Wissensgebieten treten Bibliothekare das enzyklopädische Erbe der vormodernen Philosophie an (Stichweh 1984, S. 7-9) – etwa mit der Dewey-Dezimalklassifikation (DDC). Wirken die Trennlinien zwischen Disziplinen häufig künstlich und gegenwartsfremd, so zeichnen sich Disziplinen durch qualifikatorische Praktiken, durch die Sanktionierung von Standards aus. Die Debatte um Disziplin und Disziplinarität wird oft identitätspolitisch geführt: Was gehört dazu, was hat in der Disziplin keinen Platz (Chandler 2009, S. 729-730)? Den evaluativen Aspekt, der sich in der Disziplinendefinition verbirgt, muss man sich bewusst machen, wenn man über die philologische Disziplin im normativen oder über die philologischen Disziplinen im historischen Sinn spricht: »It is a question of power: who shall reign in the kingdom of the P's, how shall it be divided?« (Culler 1990, S. 49)

Wenn von *der* Philologie die Rede ist, dann muss mitgedacht werden, dass ein »modernes, disziplinenspezifisches Verständnis« von dem, was das »Geschäft der Philologie« ist und »wie es zu betreiben sei«, nur um den Preis der Dogmatik zu haben ist (Bremer/Wirth 2010, S. 7). Die Rede von der Philologie als *einer* Disziplin kann angesichts differenzierter Befunde nicht mehr als eine regulative Funktion erfüllen: »Philology is, or should be, the discipline of making sense of texts. It is not the theory of language—that's linguistics—or the theory of meaning or truth—that's philosophy—but the theory of textuality as well as the history of textualized meaning.« (Pollock 2009, S. 934)

Der Reiz einer starken Philologiedefinition – unabhängig davon, ob man es für eine gute Idee hält, ausgerechnet die Sprachwissenschaft aus der Philologie herauszuhalten – liegt in den strukturellen Erkenntnissen, die sie freisetzt. Können die Koreanistik, die Assyriologie und die Finnougristik, aus der Makroperspektive betrachtet, nicht erst dann für größere Zusammenhänge fruchtbar werden, wenn sie zu Strukturvergleichen kommen? Hat ihre Trennung nicht rein praktische Gründe, weil es eine schlichte Überforderung der sprachlichen und historischen Lernfähigkeiten einer Einzelperson wäre, alle diese Fächer gleichzeitig studieren oder lehren zu wollen? Muss man sich, ungeachtet der Trennung der Studienfächer, den Erwerb von Kenntnissen auf dem Feld einer einzelnen Sprache und Literaturtradition eher als disziplineninterne Spezialisierung vorstellen – so wie es eines Tages vielleicht die Biologie nicht mehr als immatrikulationsrelevantes Studienfach gibt, sondern nur noch Molekularbiologie, Verhaltensbiologie, Evolutionsbiologie?

Wer Philologie zu eng definiert, kappt zu schnell ihr Entwicklungspotential. Er konstruiert eine Rumpfphilologie für Wörterbuchmacher und Texteditoren, am Rande oder vor den Toren des modernen, disziplinär strukturierten Wissenschaftssystems – und kann einer verzagten Dekadenzthese am Ende kaum entkommen. Ist Wörterliebe zu eigenwillig, zu verträumt, zu zaghaft für den harten Ressourcenwettbewerb der Disziplinen? Der Romanist Hans Ulrich Gumbrecht spricht vom »Quengelton« (*FAZ*, 20. Oktober 2004) – und meint eine Philologie, die ihre universitäre Zukunft schon aufgegeben hat. Der Komparatist Werner Hamacher hingegen weist auf das vormoderne Philologieverständnis zurück, wenn er fordert: »Philologie, so akademisch wohlinstalliert sie noch sein mag, ist keine Disziplin. Sie ist erst recht keine Tätigkeit in den verstaubten Archiven von Fliegenbeinzählern und keine in den neonbeleuchteten Laboratorien von Fliegenbeinzupfern.« (Hamacher 2009, S. 3) Stattdessen müsse sie von jedem geübt werden, der spricht, sprechend denkt oder handelt – und andere sprachliche Vorgänge zu deuten versucht.

2. Traditionen

Was nun? Philologische Disziplin oder keine Disziplin? Aufschlussreich sind die internationalen Unterschiede in den Definitionen (Gumbrecht 2002; 2003, S. 9-15). Gehen deutschsprachige Nachschlagewerke rasch den Schritt vom Wort zum Text, wenn sie Philologie als die »Wissenschaft von der Erforschung von Texten« begreifen und sich auf die Philologie als Textkritik beschränken, so unterscheiden englische Definitionen zwischen »literary and linguistic scholarship« und ordnen den Terminus »philology« dem Sprachstudium zu.[7]

Französische Lexika verbinden beide Bedeutungen, wenn sie von der »étude d'une langue, fondée sur l'analyse critique de textes écrits« einerseits, von der »étude critique de textes, par la comparaison systématique des manuscrits ou des éditions« sprechen.[8] Michael Werner (1990, S. 11-13) hat zu Recht darauf aufmerksam gemacht, wie stark der Philologiebegriff im französisch-deutschen Grenzverkehr zu Missverständnissen führt. Italienische Nachschlagewerke entsprechen auf den ersten Blick der deutschen Definition, wenn sie die editorischen Errungenschaften des 19. Jahrhunderts ausführlich würdigen.[9] Spanische Enzyklopädien tendieren zum französischen Vorschlag, wenn sie diachrone und synchrone Philologie des 20. Jahrhunderts im Dialog darstellen – zwischen der Sprachtheorie Ferdinand de Saussures (1857–1913) und der Arbeit an griechischen Kodizes in der Klosterbibliothek des Escorial.[10]

Augenfälliger lässt sich die Philologie als philologisches Problem kaum beschreiben: Wie kann es sein, dass ein spanisches Lexikon unter »filología« die »ciencia que estudia la lengua y la literatura« versteht – und unter gegenwärtigen Philologen den amerikanischen Sprachwissenschaftler Noam Chomsky (geb. 1928) anführt?[11] Während in England von »philology« als einem heute nur noch selten gebrauchten Terminus die Rede ist, der im Titel einiger weniger gelehrter Zeitschriften aus dem 19. Jahrhundert überlebe: »Philology, a term now rarely used but once applied to the study of language and literature. Nowadays the term philology, where used, means the study of language—i.e. linguistics. It survives in the titles of a few learned journals that date to the 19th century.«[12]

Wie kann auch diese Behauptung sich als zweifelhaft erweisen, wenn man an eine Zeitschrift wie *Modern Philology* denkt, die gegenwärtig in einem der angesehensten amerikanischen Universitätsverlage erscheint?[13] Einen Hinweis gibt die *Encyclopædia Britannica*, wenn sie lakonisch feststellt, »comparative philology« sei ein früher gebräuchlicher Begriff für das gewesen, was heute »comparative linguistics« heiße.

Die vergleichende Sprachwissenschaft, schon in der Vormoderne angelegt, erzielt im 19. Jahrhundert bedeutende Erfolge – in besonderer Weise beim Vergleich des Sanskrit mit europäischen Sprachen. Arbeiten französische, britische und deutsche Gelehrte miteinander, nicht selten in scharfer Konkurrenz, an Entzifferungsproblemen und grammatischen Strukturen, so verdankt sich auch das englische Philologieverständnis des 19. Jahrhunderts solchem Austausch. Max Müller (1823–1900), der in Leipzig und Berlin klassische, indische und persische Philologie studiert hat, forscht seit 1854 in Oxford und tritt dort 1868 als erster Inhaber des neuen Lehrstuhls für »Comparative Philology« hervor. Der erste Band der *Proceedings of the Philological As-*

sociation berichtet, wie die Berliner Professoren Franz Bopp und Jacob Grimm 1843 zu Ehrenmitgliedern der Gesellschaft ernannt werden (Gneuss 1990, S. 48-49). Der Hinweis in der *Encyclopædia Britannica*, dass der Terminus »philology« weitgehend obsolet sei, bezieht sich also nicht auf ein vormodernes Gelehrsamkeitsverständnis, sondern auf die disziplinäre Struktur, in der sich seit dem 19. Jahrhundert der szientifische Begriff »linguistics« (OED, Bd. 1, S. 317) durchsetzt – und der »philology« ein historisches, verstaubtes Feld hinterlässt (Eto 2003, S. 137-144).

Ein britischer Literaturwissenschaftler würde kaum auf den Gedanken kommen, seine Arbeit als »philology« zu bezeichnen. Eine renommierte amerikanische Kollegin, konfrontiert mit dem Begriff »Philologie«, denkt an Götternamen in Zeugnissen der Linearschrift B, nicht an literarische Zeitgeschichte und Literaturtheorie. Umgekehrt sprechen deutsche Literaturwissenschaftler von »Philologie«, wenn sie die Grundqualifikation der textkritischen und interpretatorischen Sorgfalt meinen – und lassen die moderne Linguistik weitgehend ausgeblendet. Ein integrativer Philologiebegriff kommt aus den außereuropäischen Philologien, die sich, bei aller Gelehrsamkeitsnostalgie, großzügig von solchen Definitionsstreitigkeiten absetzen und den Blick vom atlantischen auf den pazifischen Raum lenken (Pollock 2010, S. 185-187). Berufen können sich US-Philologen auf den Romanisten Erich Auerbach (1892–1957), der in der Nazizeit in die Türkei, später in die USA emigriert. Ihm gelingt es, das amerikanische Verständnis von *criticism* mit dem europäischen Begriff der philologischen Kritik zusammenzubringen, wenn er eine »Philologie der Weltliteratur« (1952; 1967, S. 301-310) fordert. Die Attraktivität, die der Philologiebegriff in amerikanischen Debatten der vergangenen Jahre zurückerobert hat, übt einen erheblichen Effekt auf die neuen Konjunkturen der Philologie in Westeuropa aus (Nichols 1997, S. 10-17).

Ein selbstbewusster, liberaler Philologiebegriff, der sich nicht auf die historische Schwundstufe beschränkt, macht sich zweifellos angreifbar. Kann spätantike Grammatik genauso unter Philologie verhandelt werden wie Buchgeschichte auf dem Balkan oder Schriftentwicklung im vormodernen Japan? Liegt in der Verwendung – oder in der Verweigerung – eines weiten Philologiebegriffs ein imperialer Gestus? Ist es legitim, antike Gelehrte und Wissenschaftler des 21. Jahrhunderts, französische, deutsche, indische und chinesische Experten für Sprache und Literatur gleichermaßen als Philologen zu behandeln, auch wenn das, was sie lehren, jeweils andere Namen trägt? Wie immer die philologischen Fächer in den einzelnen Ländern konturiert sind – es lohnt sich, die Partikularität eines rein sprachhistorischen, literaturhistorischen oder kulturhistorischen Philologieverständnisses zu überwinden, ebenso die Exklusivitätsansprüche der besonders alten oder der besonders großen Philologien in dieser oder jener nationalen Tradition. Wenn die Philologie makrodisziplinär etwas zusammenhält, dann nicht nur der auf sprachliche Gegenstände gerichtete Unterscheidungs- und Erschließungsanspruch, sondern das Wissen um die Historizität, Regionalität und Pluralität der philologischen Disziplinen.

2.1 Mediterrane Traditionen

Wagt Ulrich von Wilamowitz-Moellendorff 1921 eine knapp gefasste *Geschichte der Philologie* vorzulegen, dann verbirgt sich unter dem Titel eine Geschichte der griechischen und lateinischen Philologie von der antiken Grammatik bis zur »Ausdehnung des Großbetriebes« (ebd., S. 72) im 19. Jahrhundert. Wer in Deutschland von Philologie spricht, hat häufig ausschließlich das im Blick, was sich unter der komprimierten Bezeichnung der

Altphilologie zusammenfindet. Der Vergangenheitscharakter des philologischen Materials und die Dignität der beteiligten Traditionsfächer sprechen aus dem Terminus. Zugleich bleibt der Eindruck struktureller Konservativität nicht aus, wenn man ›alt‹ im Gegensatz zur Modernisierungssemantik ›neu‹ begreift – ›altväterlich‹, ›altbacken‹, ›Altlast‹? Der deutsche Altphilologenverband, gegründet 1925, tritt einem solchen Eindruck mit gegenwärtig 6000 Mitgliedern entgegen.

In den USA spricht man vom *Department of Classics* – womit nicht allein auf das Alter, sondern auch auf ein Werturteil, auf die Mustergültigkeit der untersuchten griechischen und lateinischen Texte verwiesen wird. Die deutsche Tradition der Klassischen Altertumswissenschaft geht über die Texte der Antike hinaus. Sie umfasst auch Archäologie, Alte Geschichte, Hilfswissenschaften wie Numismatik (Münzkunde) und Epigraphik (Inschriftenkunde). Erweist sich die idealisierte griechische und lateinische Antike als konstituierte Leistung westeuropäischer Philologen und Dichter (Güthenke 2008), so kommt die philologische Rekonstruktion der mediterranen Welt aus Traditionen, die sie in ihrem Gegenstand eingeschlossen findet. Der römische Staatsbeamte Marcus Terentius Varro (116-27 v. Chr.) befasst sich mit der Herkunft der lateinischen Sprache und mit dem Aufbau von Bibliotheken (DNP, Bd. 12/1, Sp. 1134). Alexandrinische Gelehrsamkeit steht sprichwörtlich für stupendes Wissen, zugleich schon für dessen Grenzen der Integrierbarkeit (Wegmann 2000, S. 322-331). Der Begriff bezieht sich auf die ägpytische Metropole Alexandria, in deren Bibliotheken in hellenistischer Zeit Schriftbestände und Gelehrte aller Disziplinen zusammenfinden (3. Jh. bis 1. Jh. v. Chr.).

Das westeuropäische Studium lateinischer und griechischer Sprache und Literatur ist seit dem frühen Mittelalter, erst recht seit der Renaissance, geprägt von politischen und pädagogischen

Ansprüchen. Europäische Bildungspolitik bis weit ins 20. Jahrhundert ist ohne den Klassizismus des 18. Jahrhunderts, ohne die Begeisterung für die griechischen Unabhängigkeitskriege des 19. Jahrhunderts kaum zu verstehen. Besteigt 1832 ein bayerischer Prinz als Otto I. den griechischen Thron, bringt er nicht allein deutsche Verwaltungsprinzipien mit, sondern gründet auch die Athener Universität, die spätere Kapodistrias-Universität, nach deutschem Vorbild. Begeistert suchen Philologen die mediterranen Orte auf, von denen in den antiken Texten die Rede ist – und bringen sie, nicht selten enttäuscht von der mediterranen Gegenwart, unter ein Vergangenheitsregime. Die mittelalterliche Idee von der Übertragung des Studiums aus dem Mittelmeerraum nach West- und Nordeuropa (*translatio studii*) schlägt in den imperialen Zugriff um. Unter der Maßgabe der Schutzbedürftigkeit antiker Monumente werden im 19. Jahrhundert bedeutende Kunst- und Schriftzeugnisse aus dem mediterranen Raum in französische, englische und deutsche Museen gebracht. Ulrich von Wilamowitz-Moellendorff spricht noch 1921 davon, dass die Philologie des 19. Jahrhunderts und frühen 20. Jahrhunderts »das antike Leben in seiner ganzen Weite geschichtlich zurückzuerobern beflissen gewesen« sei (S. 80) – im wörtlichen wie im übertragenen Sinn.

Der gegenwärtige Blick auf mediterrane Traditionen problematisiert die vielfältig überlagerten Aneignungsgeschichten – und nimmt die großen Teile der Sprachen und Literaturen des Mittelmeers wahr, die, anders als die lateinische und die griechische, nicht in den Kern des vormodernen, europäischen Kanons gefunden haben. Auswirkungen der historischen Verengung hat Anthony Grafton anhand der Ausgrenzung der hebräischen Philologie gezeigt, die Friedrich August Wolf nach 1795 vornimmt, nachdem er zunächst eine vergleichende Perspektive auf die Bibelphilologie und Homerphilologie eröffnet (Grafton 1999, S.

28-29). Neben den hebräischen und arabischen Prägungen der Mittelmeerwelt geraten auch die nordafrikanischen Kulturen, ebenso der byzantinisch-osmanische Bereich in den Blick. Aufgebrochen werden lineare Traditionsvorstellungen – nicht nur die Meistererzählung vom mittelalterlichen Schwund und der Wiederbelebung der mediterranen Philologie in der europäischen Renaissance, sondern auch der Alleinvertretungsanspruch einzelner Hochburgen der Überlieferung. Die mittelalterlichen Klöster wie die Gelehrtenzentren der arabischen Welt fördern die Beschäftigung mit der schriftlichen Überlieferung, mit Grammatik und Rhetorik in höchst unterschiedlicher Weise. Seit dem hohen Mittelalter beschäftigen sich europäische Gelehrte umgekehrt mit der arabischen Sprache und ihren Literaturen.

Polemische Arbeiten wie die des französischen Mediävisten Sylvain Gouguenheim haben deshalb zu Recht Widerspruch hervorgerufen. In *Aristote au Mont Saint-Michel* (2008) vertritt Gouguenheim die These, einer arabischen Vermittlung griechischer Texte habe es durchaus nicht bedurft, weil in mittelalterlichen Klöstern die griechische Überlieferung sorgsamer gepflegt worden sei als bislang angenommen. Bedient die Vorstellung einer wissenschaftlich fortschrittlichen, islamischen Welt das Wunschdenken westlicher Kulturpolitik, die mit dem christlichen Mittelalter nichts anzufangen weiß? Ist die philologische Forschung dem Reiz verfallen, großräumige Transferprozesse nachzuzeichnen – und hat sie deshalb die abendländische Selbstversorgtheit mit Texttraditionen verkannt? Trägt die Mediävistik einen Stellvertreterkonflikt für das dekolonialisierte Frankreich aus, in dem konservative und rechtspopulistische Kreise das christliche Alteuropa gegen islamische Traditionen im eigenen Land in Stellung zu bringen versuchen? Die französische Tageszeitung *Libération* veröffentlichte einen offenen Brief, unterzeichnet von 56 Philologen, Historikern und Philosophen, darunter Charles Burnett, Jean-

51

Philippe Genet, Carlo Ginzburg und Ruedi Imbach, die Gouguenheim wissenschaftliche Mängel und ideologische Prägung vorwarfen. Der Band *Aristote au Mont Saint-Michel* verwechsle die bloße Anwesenheit einer Handschrift an einem konkreten Ort mit den eigentlich relevanten Prozessen der Lektüre, Verbreitung und des Kommentars, und leite die angeblich selbstversorgten Griechischkenntnisse des hohen Mittelalters aus wenigen, isolierten Beispielen her: »Quant à la méthode, Sylvain Gouguenheim confond la présence d'un manuscrit en un lieu donné avec sa lecture, sa diffusion, sa transmission, ses usages, son commentaire, ou extrapole la connaissance du grec au haut Moyen Âge à partir de quelques exemples isolés.«[14]

Die Kritiker Gouguenheims verweisen nicht allein auf asymmetrische Materialverwendung und argumentative Widersprüche, sondern auch auf die Nähe zu politischen Streitschriften aus dem rechtspopulistischen Lager. Jacques Verger formuliert vertiefte Einwände: Dass Kenntnisse des Griechischen im westeuropäischen Mittelalter nicht verschüttet waren, ist in der Forschung längst bekannt.[15] Gouguenheim hätte komparatistischer vorgehen müssen, um die Reichweite der Übersetzungtätigkeit auf unterschiedlichen Überlieferungswegen klarer bewerten zu können. Auch wäre es wichtig gewesen, den Kenntnisausschnitt griechischer Überlieferung gegenüber früheren und späteren Ausschnitten nüchtern abzumessen. Betont Gouguenheim die jüdische und christliche Leistung bei Übersetzungen griechischer Texte ins Arabische, so hätte er nicht nur die muslimischen Übersetzer in gleicher Weise würdigen, sondern auch fragen müssen, was die Vielfalt der Überlieferungswege für die erhaltenen Texte bedeutet. Schließlich lassen sich lateinischer und arabischer Sprachraum, christliche und islamische Welt weder präzise aufeinander abbilden noch scharf voneinander trennen – angesichts reichhaltiger Austauschprozesse an undeutlich gezogenen Grenzen.

Das alles wäre für einen übergreifenden Zusammenhang kaum relevant, wenn nicht die fortgeschriebenen, sprachessentialistischen Traditionen des 19. Jahrhunderts, die aus sprachlichen Strukturen auf die Fähigkeit zu spezifischen kognitiven Leistungen einer Sprechergruppe schließen, die deterministischen Elemente philologischen Rassendenkens aufweisen würden (Harpham 2009, S. 34). Wie werden philologische und historische Argumente in akuten Gegenwartskonflikten in Stellung gebracht? Betreibt die klassische Philologie in Deutschland ihre Selbstherleitung erst aus einem idealisierten Römertum, dann Griechentum mit einer Ernsthaftigkeit, die aus heutiger Perspektive unfreiwillig komisch erscheinen muss, so stellt sich in Frankreich nach der Dekolonisierung die Frage, wie sich die französische Bildungsöffentlichkeit zur arabischen Welt des östlichen und südlichen Mittelmeerraums verhalten kann.

2.2 Nahöstliche und fernöstliche Traditionen

In welchem Verhältnis steht das mediterrane Philologieverständnis zur religiösen und politischen Sprach- und Schriftgelehrsamkeit des Nahen Ostens? Lässt sich die faszinierende wie verwickelte Geschichte kaum verantwortlich auf wenigen Seiten rekonstruieren, so kann eine methodische Vorsichtsmaßnahme ins Zentrum der Erörterung rücken: Für die europäischen Philologien des 19. Jahrhunderts – »en particulier pour les théories essentialisantes, deterministes et biologisantes des productions humaines symboliques nées de la philologie du XIXe siècle« (Messling 2012, S. 155) – sind nahöstliche, erst recht fernöstliche Philologien in eine Gegenstandshierarchie eingefügt, die zugleich eine politische Hierarchie markiert. Untersuchen die postkolonialen Studien, wesentlich inspiriert von der Literaturtheoretikerin Gayatri Chakravorty Spivak (geb. 1942), wie Marginalisierung über die Artikulationsverweigerung gesteuert wird und wie umgekehrt Privilegien den Zugang zu kritischem Potential abschneiden, so setzen sie subversive Gesten ein, um in den sprachlichen Prozess einzugreifen.

Die indologische und sinologische, die arabistische und hebraistische Forschung hat unterdessen aufgezeigt, über welche starken grammatischen und literaturbezogenen Eigentraditionen nahöstliche und ostasiatische Schriftkulturen verfügen.

»The renewal of Arabic philology at the hands of Syrian-Lebanese scholars took place in the nineteenth century at a time when colonialism produced a disruption on the one hand, but enabled new movements on the other. Similarly, in China, the collapse of the Ming dynasty in 1644 gave way to a renewal of philology. In an effort to amend the classical tradition of philological learning, Chinese scholars began to read the classical texts with new strategies, rigorously applying palaeography, epigraphy, historical phonology and lexicology. In this connection, it is worthwhile examining the role mobility, calamities, expulsions and natural catastrophes play in the dissemination and globalisation of knowledge.« (Zukunftsphilologie 2010, S. 2)

Textauslegung lässt sich nicht monopolisieren, exegetische Verfahren entwickeln sich nicht nur in der europäischen Bibelphilologie, sondern auch in den arabischen Studienzentren in Südeuropa und Nordafrika, in der jüdischen Tradition in Andalusien und im vorderen Orient (Said 2004, S. 58). Sheldon Pollock weist in *The Language of the Gods in the World of Men. Sanskrit, Culture, and Power in Premodern India* (2006) nach, wie Sanskrit als Sakralsprache für literarische und politische Zwecke neu erfunden und in einem Raum von Afghanistan bis Java verbreitet wird. Er zieht makrohistorische Parallelen zur Verbreitung und Lehre der lateinischen Sprache – und ihrer Verdrängung durch regionale Sprachen und Literaturen. Beatrice Gruendler zeigt in einem Beitrag zum Kolloquium *Images of Philology* an der Princeton University, der unter dem Titel *Pre-Modern Arabic Philologists: Poetry's Friends or Foes?* (2011) vorliegt, wie nahöstliche Gelehrte die arabische Sprache formen und welche normativen Grundlagen sie für die Dichtung entwickeln.

Umgekehrt verdanken die europäischen Philologien des 18. und 19. Jahrhunderts wesentliche Denkanstöße nicht der Gräzistik oder Latinistik, sondern der entstehenden Indologie. In Auseinandersetzung mit französischen und deutschen Gelehrten, darunter Antoine-Léonard de Chézy (1773–1832) und Silvestre de Sacy (1758–1838), entwickelt Friedrich Schlegel (1772–1829) seine Studie *Über Sprache und Weisheit der Indier* (1808). Franz Bopp (1791–1867) versucht in seiner bahnbrechenden Studie *Über das Konjugationssystem der Sanskritsprache in Vergleichung mit jenem der griechischen, lateinischen, persischen und germanischen Sprache* (1816) den Beweis für die sprachgeschichtliche Verwandtschaft der westeuropäischer Sprachen mit dem Sanskrit – und leistet einen Beitrag zur Begründung der Indogermanistik. Den indoeuropäischen Studien verdanken sich auch indirekt bedeutende philologische Leistungen. So tritt der Schweizer Sprachwissenschaftler Ferdinand de Saussure (1857–1913), der aufgrund verwickelter Rezeptionsmissverständnisse als Begründer des Strukturalismus gehandelt wird, mit einem *Mémoire sur le système primitif des voyelles dans les langues indo-européennes* (1879) hervor. Ähnliches gilt für den französischen Linguisten Émile Benveniste (1902-1976), der vor den *Problèmes de linguistique générale* (Bd. 1, 1966) eine Studie zu den *Origines de la formation des noms en indo-européen* vorlegt (1935). Die französisch-bulgarische Literaturtheoretikerin Julia Kristeva (geb. 1941) erinnert sich im Gespräch in *Le Monde*, wie sie Émile Benveniste zwischen 1967 und 1969 regelmäßig in seiner Pariser Wohnung besucht. Man spricht über die Gründung der *Association internationale de sémiotique*, die osteuropäische Dissidenten und westeuropäische Theorieavantgardisten zusammenführt. In der Wohnung freilich liegt nicht der Brandgeruch der Revolution, sondern der Duft alter Handschriften und Einbände: »J'allais l'après-midi chez lui dans un appartement qui sentait les vieux parchemins. On parlait des problèmes de l'association, il me lisait les textes sacrés hindous, le Rigveda, directement en sanskrit dans le texte.« (Kristeva 2012, S. 3)

Verschiebt die exotische Faszination bloß das Problem? Das Schreib- und Lesemonopol in vormodernen und in außereuropäischen Gesellschaften ist zweifellos mit Auswahlprozessen und Machtausübung verbunden. Kultische und bürokratische Apparate sind auf Zeichenspezialisten angewiesen, die in Priester- und Beamtenhierarchien ihren Platz finden. Drängt eine schriftzentrierte, philologische Komparatistik afrikanische und südostasiatische Eigentraditionen des Umgangs mit Sprache und Überlieferung an den Rand? Die Dialektik einer kritischen Philologie europäischer Prägung lässt sich an der Religionskritik zeigen, die sich wie bei dem französischen Orientalisten Ernest Renan (1823–1892), nicht allein gegen ein christlich-dogmatisches Verständnis des historischen Bibeltextes richtet, sondern allzu leichtfertig in antisemitische und antiislamische Polemik abdriftet – mit pauschalen Behauptungen über die Modernisierungsunfähigkeit, die intolerante Fortschrittsfeindlichkeit des jüdischen und muslimischen Erwähltheitsbewusstseins. Forschungsprojekte wie das Berliner Vorhaben *Zukunftsphilologie: Revisiting the Canons of Textual Scholarship* setzen einen Gegenakzent, wenn sie die Frage nach der präkolonialen Wissenschaft aus Asien, Afrika und dem Nahen Osten stark machen.

2.3 Europäische Neuphilologien

Traditionelle Darstellungen bringen die Entstehung der Neuphilologien mit den universitären Reformen und den national-
staatlichen Bewegungen des 19. Jahrhunderts in Verbindung. In
der Tat erhält die Beschäftigung mit den neueren, europäischen
Sprachen einen Schub durch die romantische Mittelalterbegeis-
terung und die kulturpolitische Relevanz nationaler Literatur-
traditionen nach den napoleonischen Kriegen (Scherer 1893, S.
7). Hinter einer solchen Gründungsgeschichte treten zu Unrecht
vormoderne Traditionen der Beschäftigung mit gesprochenen,
europäischen Sprachen, mit neueren, literarischen Entwicklungen
zurück (Lepper 2012) – im Frühhumanismus, in den Sprachge-
sellschaften des 17. Jahrhunderts, in der Aufklärungsphilologie
(Kössinger 2009). Voreilig hat die Philologie sich eine antiratio-
nalistische Geschichte konstruiert: Erst in Opposition zur ratio-
nalistischen, geschichtsfeindlichen Fortschrittsidee, so Erich Auerbach in Auseinandersetzung mit Benedetto Croces Vico-Ausle-
gung, habe sich die »moderne Vorstellung von der Geschichte
als eines immanenten Sinnganzen« durchsetzen können. »Ange-
deutet seit den 1760er Jahren von Johann Georg Hamann, methodisch angelegt von Herder, erreicht sie ihren vollkommenen
philosophischen Ausdruck im Werke Hegels und die Grundlagen ihrer Praxis bei den romantischen Gelehrten; das Fach, das
ich vertrete, die romanische Philologie, ist einer der kleineren Äste
vom Baum des romantischen Historismus.« (Auerbach 1932, S.
673)

Wie sähe eine Philologie aus, die sich nicht aus der Geschichtsphilosophie des 19., sondern aus der Ästhetik des 18. Jahrhunderts herleiten würde – etwa bei Alexander Gottlieb Baumgarten
(1714–1762) anknüpfen würde, der in den *Meditationes philosophicae de nonnullis ad poema pertinentibus* (1735) eine wahrneh-

mungsstrukturelle Perspektive auf die Dichtung wählt? Eine solche Linie ließe sich zu den psychologischen Ansätzen der Literaturwissenschaft und Poetik des 19. Jahrhunderts verfolgen – bis in den Dialog der Philologie mit den Kognitionswissenschaften im 21. Jahrhundert (Jannidis 2009, S. 45-62).

Übermächtig wirkt freilich die philologische Nationalpädagogik, die ihre Wurzeln tief in die Bildungspolitik schlägt. 1790, so fördert eine Untersuchung zutage, spricht die Mehrheit der Bevölkerung selbst im zentralstaatlich organisierten Frankreich kein Französisch, stattdessen keltische, okzitanische, katalanische, italienische, flämische oder deutsche Idiome. Noch 1893 spricht jedes achte französische Schulkind unter 14 Jahren kein Französisch (Osterhammel 2009, S. 1116). Erst recht drängt die deutsche Philologie in einem zersplitterten Staatenwesen auf wenigstens kulturpolitische Einigung. Die Tendenz, die »Literaturwissenschaft mit Kulturgeschichte zu verwechseln«, geht, so der Slawist Victor Erlich, mit nationalhagiographischen Ansätzen einher – etwa in der »philologischen Schule« der polnischen Literaturwissenschaft: »Das Interesse des Historikers an den wirklichen Erlebnissen des Dichters als einem angeblichen Schlüssel zu seinen Schöpfungen war hier oft mit einer fast religiösen Ehrfurcht vor den Reliquien der geistigen Führer einer umkämpften Nation vermischt.« (Erlich 1955; 1973, S. 181)

Was im 19. Jahrhundert integrativ einsetzt, wirkt im 20. Jahrhundert partikularistisch. Die Nationalphilologien, die über Natürlichkeitsmetaphern einen politischen Körper zusammenhalten wollen, vernachlässigen soziale und regionale Differenzen ebenso wie transnationale Ähnlichkeiten und Abhängigkeiten. Das gilt freilich nicht für die philologische Praxis – etwa die Sanskrit-Forschung oder die Ägyptologie, die ohne internationalen, kompetitiven Austausch ihre Leistungsfähigkeit im 19. Jahrhundert gar nicht entfaltet hätten. Moderne Fremdsprachenphilologien hingegen entstehen häufig aus konfrontativer Absicht. Die französischen *études germaniques* werden im späten 19. und frühen 20. Jahrhundert als Feindkunde aufgebaut und gefördert, Ähnliches gilt für Teile der arabischen Studien in den USA unter der Bush-Administration.

Im 20. Jahrhundert erleben die Philologien massive Erschütterungen auf allen Ebenen – sprachpolitischen, wissenschaftspolitischen, bildungspolitischen, aber auch gegenständlichen und methodischen. Das koloniale Referenzsystem der europäischen Philologien bricht ebenso zusammen wie der Reproduktionsmechanismus bürgerlicher Bildungseliten. Vor allem stellt sich die Philologie mit erheblichen Gewöhnungsmühen einer radikalen, literarischen Moderne, die in ihrem Gestus auf den ersten Blick das verwirft, was die Philologie jahrhundertelang gepflegt hat. Unter massiven Druck gerät die Philologie während der NS-Zeit. Zahlreiche Wissenschaftler werden aufgrund antisemitischer Gesetzgebung entlassen und verfolgt, fliehen ins Ausland wie Leo Spitzer (1887–1960) und Erich Auerbach (1892–1957), werden verhaftet wie Werner Krauss (1900–1976), sterben im Konzentrationslager wie Sigmund von Lempicki (1886–1943). Befassen sich institutionengeschichtliche Studien mit der Arbeit von Philologen in den Einrichtungen des NS-Staats, mit der Vertuschung von humanitären Verbrechen und wissenschaftsethischen Verfehlungen nach 1945 (Hausmann 1998; 2007, S. 116-217), so zeigen neuere Untersuchungen, wie weit rassenpolitische Argumente schon vor der Ausbreitung der europäischen Faschismen mit der Geschichte der Philologie verknüpft sind (Messling 2012, S. 156-157). Die Kompromittierung der philologischen Disziplinen, zumal der Germanistik im NS-Staat, spricht für Erich Auerbachs Projekt einer Entnationalisierung der Philologien: »Wir müssen, unter veränderten Umständen, zurückkehren zu dem, was die vornationale mittelalterliche Bildung schon besaß: zu der Erkenntnis, daß der Geist nicht national ist.« (1952; 1967, S. 310)

Kann ein Globalanspruch intendiert sein? Gegen die Tendenzen zur sprachlichen Banalisierung, zur Durchsetzung einer verkehrsmäßigen *lingua franca* besinnen sich die philologischen Fächer gegenwärtig auf ihre Differenzkompetenz – unter europäischen Bedingungen auf die Expertise für die Mehrsprachigkeit, auf die Markierung des Auslegungs- und Übersetzungsbedürftigen (König 2009, S. 14). Während an zahlreichen Hochschulen in den Mittelmeerländern die sprachlichen und literarischen Fächer unterhalb des Existenzminimums arbeiten, während an amerikanischen Universitäten nicht wenige Departments für die europäischen Sprachen und Literaturen zusammengelegt oder geschlossen werden, zeugen die Debatten um das, was Philologie kann, nicht zuletzt von ihren Überlebensstrategien (Ette 2004, S. 13). Gegen eine voreilige Verabschiedung von einer unzeitgemäßen Praxis wendet sich der Vorschlag, Gegentraditionen europäischer Philologien stark zu machen, die seit ihren Anfängen die Problematik intellektueller Hegemonie erkannt haben – vertreten von Experten wie dem Sinologen Jean-Pierre Abel-Rémusat (1788–1832), dem Orientalisten Eugène Vincent Stanislas Jacquet (1811–1838) und dem Diplomaten, Bildungspolitiker und Sprachforscher Wilhelm von Humboldt (1767–1835), die früh über die Partikularität der europäischen Perspektive und die daraus folgenden Erkenntnisprobleme nachdenken (Messling 2012, S. 182).

2.4 Koloniale und postkoloniale Philologien

Die europäische Renaissance gilt als Zeitalter der Entdeckungen nicht zuletzt in der Welt der Bücher, aber auch der Sehnsucht nach einer bücherlosen Welt, die, wie Hans Blumenberg (1981; 1999, S. 58-67) eindrucksvoll beschrieben hat, als aufgeschlagenes Weltbuch begriffen wird. Als melancholisch erweist sich nicht so sehr die Buchphilologie, vielmehr das Projekt einer Entzifferung der Weltzeichen – in der klassischen Moderne die Faszination für schriftlose Kulturen, in der Gegenwart die Decodierungsmetapher der Genetik: »Lesbarkeit dorthin zu projizieren, wo es nichts Hinterlassenes, nichts Aufgegebenes gibt, verrät nichts als die Wehmut, es dort nicht finden zu können, und den Versuch, ein Verhältnis des Als-ob dennoch herzustellen.« (Blumenberg 1981; 1999, S. 409)

Seefahrer und Missionare seit dem 15. Jahrhundert suchen freilich nicht bloß die Handschrift des Schöpfers, die Erbauung im fremdartigen Buch der Natur, sondern finden unzählige, hermetische Sprachkulturen – schriftliche wie in Indien und China, mündliche wie in Nordamerika und später im pazifischen Raum. Militär und Handel liegt an der Ausbildung von Kompetenzen in den gesprochenen Sprachen – so den venezianischen Kaufleuten, die den Austausch mit den Zentren des Osmanischen Reichs suchen. Die Gelehrten hingegen, die den Eroberern und Handelskompanien folgen, fragen nach historischer Überlieferung. Auf die napoleonischen Feldzüge in Ägypten folgt ein Philologenkrieg um die Entschlüsselung der Hieroglyphen, an dessen Ende Jean-François Champollion (1790–1832) den vorläufigen Sieg für sich reklamieren kann (Messling 2009, S. 32).

Einerseits bringen die Kolonisatoren europäische Sprachen mit und setzen, von der zivilisatorischen Überlegenheit überzeugt, deren administrativen Gebrauch durch. Auf die Ausbreitung des Portugiesischen, auch des Persischen in Asien, folgt das Englische, das zur indischen Verwaltungssprache erhoben wird – wie das Russische in den Provinzen des Zarenreiches. In den westafrikanischen Gebieten des ehemaligen, französischen Kolonialreichs ist das Französische bis heute Amtssprache – auch wenn im Alltag sich weniger als zehn Prozent der Bevölkerung der Sprache der Kolonialmacht bedienen. Andererseits bemühen sich die europäischen Eroberer – zuerst aus missionarischen und ökonomischen, rasch auch aus wissenschaftlichen Gründen – um die Erfassung indigener Sprachen. Theologen wie Bartholomäus Ziegenbalg (1682–1719), der als Missionar in die dänische Kolonie im ostindischen Tharangambadi geschickt wird, beschließt, die lokale Sprachen zu erlernen und das Neue Testament ins Tamilische zu übersetzen (App 2010, S. 77-132). Widersetzt sich der chinesische Staat der Qing-Zeit den europäischen Sprachen, so bemühen sich die Jesuitenmissionare um das Studium des Chinesischen. Die gegenseitige Beobachtung münzt sich freilich nicht in institutionelle Symmetrie um. Erst 1862, nach dem zweiten Opiumkrieg, wird in Peking eine Übersetzerschule gegründet, die Englischkenntnisse für technische und diplomatische Zwecke vermitteln soll (Osterhammel 2009, S. 1112).

Die Geschichte der Orientalistik, der Arabistik, Indologie und Sinologie geht von Pionierfiguren aus, bezieht in den vergangenen Jahren aber zusehends die heuristischen Kontexte, darunter nicht bloß die Kolonialpolitik, sondern auch die Sammlungsgeschichte, die Geschichtsphilosophie und Religionsgeschichte ein. Haben die Kolonialmächte sich früh für philologische Gründerfiguren wie William Jones (1746–1794) und Alexander Hamilton (1762–1824) interessiert, so sind deutschsprachige Forscher wie Johann Jacob Reiske (1716–1774) und Johann David Michaelis (1717–1791) erst noch im europäischen Kontext zu entdecken (Lepper 2012, S. 82-84). Die postkoloniale Perspektive fördert das Interesse an Erkenntnishorizonten und Arbeitsweisen – und wirft philologische Grundsatzfragen auf. In einer so aufsehenerregenden wie umstrittenen Studie erfasst der palästinensisch-amerikanische Komparatist Edward Said (1935–2003) die

Unterwerfung des Orients durch westliche Kulturstereotype und Begehrensstrukturen unter dem *Orientalism* (1978). Said prangert nicht allein den kolonialpolitischen Zugriff, sondern auch die romantische Verfälschung, den literarischen und philologischen Machtanspruch an. Wie stark prägt der elitäre Gestus der Kolonialmächte die philologische Arbeit, wie deutlich geht die aggressive Politik der westlichen Imperien nicht allein im Nahen Osten auf philologisch gepflegte Vorurteile zurück? *Orientalism* gilt zu Recht als eine Grundlagenschrift für die postkolonialen Studien, aber auch für die Philologiegeschichtsschreibung. Trägt der erste Rezeptionsschub vor allem die radikale Kritik an binären Repräsentationsmustern weiter, so lassen die Arbeiten des späten Said deutlich den ganz und gar unpostmodernen, nämlich emanzipatorischen Diskurs, den aufklärerischen Anspruch hervortreten.

Hat Said eine unverzichtbare Debatte angestoßen, so neigt er zur Überzeichnung und Vereinfachung – kann doch im 19. Jahrhundert keineswegs eine homogene Unterwerfungsideologie europäischer Philologen festgestellt werden. Suzanne Marchand hat präzise die Vorstellungen und Praktiken deutscher Orientalisten des 19. Jahrhunderts präpariert, dabei die Reichhaltigkeit und Heterogenität, die Koinzidenz von methodischer Reflexion und politischem Scheitern betont (2009, S. 495-498). Westliche, aber auch nahöstliche Historiker werfen Said ungenaue Materialarbeit und politische Motivationen vor, die eine differenzierte Bestandsaufnahme verhindern. Schlägt am Ende die Aufklärungsbemühung auf die philologischen Fächer zurück? Wenn die europäische und amerikanische Orientforschung einem ideologischen Grundmuster aufsitzt, bleibt sie dann nicht, von Nachbardisziplinen misstrauisch beäugt, in einem Zustand künstlicher Lähmung zurück (Zukunftsphilologie 2010, S. 2)? Die Phase ideologiekritischer Orientalismus-Studien hat die Philologiegeschichte inzwischen überwunden und wissenschaftstheoretisch komplexere Entwürfe vorgelegt (DNP, Bd. 15/1, S. 1233-1243). Die postkoloniale Mehrsprachigkeit ruft freilich die Philologie zurück auf politisches Terrain (El Alami 2000, S. 8-9) – etwa, wenn es nicht bloß um die Kartographie, sondern um die Frage des Schutzes untergehender Sprachen in Indonesien und im Amazonasgebiet geht.

3. Institutionen

Philologie gilt häufig als ein »staubiges Geschäft« (Stingelin 2012, S. N3). Wir sehen Konvolute vergilbter Fotokopien in den Metallregalen universitärer Arbeitszimmer vor uns, auf denen Jahrzehnte ihre schmutzigen Spuren hinterlassen, weil Philologie nicht nur ein staubiges, sondern auch ein langsames Geschäft ist. Das Papier, auf dem die Philologie über Jahrhunderte ihre eigenen Spuren hinterließ, wird unaufhaltsam spröde und brüchig, zerfällt schließlich zu dem Staub, der schon auf ihm lagert. Verwalten philologische Institutionen am Ende nichts anderes als diesen unaufhörlichen Verstaubungsvorgang? Moderne Forschungsbibliotheken verstauben nicht, ihre Oberflächen glänzen, durch ihre Magazine geht der kühle, gleichmäßige Strom der Klimatisierung. Gleiches gilt für Museen, die sich längst nicht mehr als verschlossene Wunderkammern begreifen, sondern als Orte der offenen Auseinandersetzung, der Begegnung und des Lernens. Welcher Staub schließlich sollte in Archiven gemeint sein, deren Zukunft vorrangig der Konvertierung großer Datenmengen aus obsoleten in abrufbare Formate gewidmet sein mag?

Möglicherweise der Wüstenstaub, der die Manuskriptdepots der Gelehrtenstadt Timbuktu umgibt. Der gewaltsame Konflikt in Mali hat den besorgten Blick der UNESCO auf die philologische Überlieferung am Südrand der Sahara gelenkt. Im 15. und 16. Jahrhundert war Timbuktu nicht allein Ziel von Handelskarawanen, sondern auch eine Metropole der Wissenschaft und der Schrift (Hunwick/Boye 2005, S. 80-125). Offenbart ein solcher Blick die Fragilität der Institutionen? Oder vielmehr die begrenzte Geltung der institutionellen Begriffe, von denen angenommen wird, sie hätten schon immer die philologische Arbeit geprägt: Bibliothek, Archiv, Museum, Seminar, Schule?

3.1 Bibliothek

Mit der schriftlichen Überlieferung setzt die Bibliotheksgeschichte ein. Antike Bibliotheken sind in der Regel an eine Kultstätte, eine politische Anlage oder eine Ausbildungseinrichtung angegliedert. Die Bibliothek (von gr. *bibliotheke*, eigentlich ›Büchergestell‹) ist eine Büchersammlung, nach modernem Verständnis eine »Einrichtung zur systematischen Erfassung, Erhaltung, Betreuung und Zugänglichmachung von Büchern«[16]. Die Definition über das Buchmedium, die im Begriff festgeschrieben ist, hat mit Blick auf vormoderne Medien wie auf digitale Textspeicher und audiovisuelles Material metaphorischen Charakter, der für rhetorische Aufwertung sorgt. Handelt es sich bei den Tontafelsammlungen des Assyrerkönigs Assurbanipal (7. Jh. v. Chr.) schon um eine Bibliothek? Nennen sich volltextdurchsuchbare Textkorpora und Datenbanken zu Recht digitale Bibliotheken (Stäcker 2011, S. 7-8)? Welche Ergebnisse die Bibliotheksgeschichte (Jochum 1993; 2007) auch immer erzielt: Unzweifelhaft unterhält die Philologie zu Bibliotheken und der in ihnen enthaltenen Menge sprachlicher Zeugnisse ein besonderes Verhältnis. Dies sowohl in lesender als auch in schreibender Absicht: Bibliotheken sind, anders als die bibliothekarische Definition von Geschäftsgängen andeuten mag, Orte der Textproduktion und Reproduktion, nicht bloß der medialen Aufbewahrung und Verzeichnung. Philologie und Bibliophilie, Wortliebe und Bücherliebe gehen freilich nicht so selbstverständlich Hand in Hand, wie es den Anschein haben mag. Philologischer Bestandszugriff und bibliothekarische Bestandswahrung befinden sich in einem durchaus agonalen Verhältnis. Humanistische Philologen wie Poggio Bracciolini (1380–1459) unternehmen ihre Expeditionen in Klosterbibliotheken aus subversiver Absicht. Gegen die bibliothekarische Vernachlässigung historischer Sammlungsbestände richtet sich ebenso der Zorn der Philologen wie gegen die konservatorischen Schutzmaßnahmen, die einen Zugriff auf Originaldokumente kurzfristig verhindern, um ihn langfristig zu ermöglichen.

Erstellt der byzantinische Gelehrte Photios mit der *Bibliotheke* (838–845) eine griechische Literaturgeschichte, die 386 Werke referiert, dann zeigt sich, dass ein romantisiertes Bild mittelalterlicher Bibliotheken kaum trägt. So gründet Cassiodor (485–580) nach den Verwüstungen der Gotenkriege in Vivarium im heutigen Kalabrien nicht bloß eine Klosterbibliothek – sondern verfasst auch ein Handbuch für das Literaturstudium und die Überlieferung religiöser und profaner Texte. Bibliotheken sind, anders als pittoreske Darstellungen nahelegen, kein Sonderphänomen der europäischen Klosterkulturen – ebenso wenig wie das Papier in Europa erfunden wird, sondern aus China in den arabischen Raum und von dort nach Westen vermittelt wird. Mittelalterliche Klöster in Europa organisieren die Vervielfältigung von Texten durch Abschrift, Kopisten und Korrekturleser arbeiten ebenso in den gelehrten Zentren in Nordafrika (Hunwick/Boye 2005, S. 98). Die Fatimiden bauen im 10. Jahrhundert in Kairo große Gelehrtenbibliotheken auf. Auch der Buchdruck, von der modernen Mediengeschichte dem Mainzer Unternehmer Johannes Gutenberg (1400–1468) zugeschrieben, hat eine von europäischen Technologien unabhängige ostasiatische Frühgeschichte. In Japan beginnt die Bibliotheksgeschichte nicht erst mit dem Aufbau von Hochschulbibliotheken nach westlichem Modell – wie 1877 anlässlich der Zusammenlegung älterer Forschungsinstitute zur Universität von Tokio. So bemerkt der in Cambridge lehrende Japanologe Peter Kornicki: »Books in one form or another, imported or domestically produced, have been a part of Japanese cultural life for around 1,500 years. Superficially the continuities are impressive, and so too are the use of printing in the eighth century, the vast resources of medieval temple libraries, and the relative weakness of systems of censorship and political control.« (Kornicki 1998, S. 1)

Die Qualität der Bibliothek bemisst sich, je stärker sie wächst, nicht mehr bloß an den Qualitätsmerkmalen der aufbewahrten Bücher, sondern an der Effizienz ihrer Organisation, wie sich schon an Bibliotheksimaginationen der Frühen Neuzeit belegen lässt (Werle 2007). Die Universitätsbibliothek in Göttingen erlangt im 18. Jahrhundert nicht bloß wegen der Fülle ihrer Bestände, sondern wegen ihrer wissenschaftsförderlichen Struktur ihren guten Ruf. Philologen sind häufig zugleich als Bibliothekare und Bibliothekstheoretiker tätig gewesen – angefangen bei Marcus Terentius Varro, der sich nicht allein als Sprach- und Literaturhistoriker betätigt, sondern auch einen Traktat *De bibliothecis* verfasst (DNP, Bd. 12/1, Sp. 1135). Respekt flößt das Arbeitspensum der Bibliothekarsphilologen ein – unter ihnen Georg Friedrich Benecke (1762–1844), der nicht bloß als einer der ersten Professoren die mittelhochdeutsche Sprache und Literatur unterrichtet, sondern auch als Unterbibliothekar in Göttingen arbeitet, und wie Paul Raabe (geb. 1927), der nicht allein im Deutschen Literaturarchiv Marbach die philologische Expressionismusforschung begründet, sondern auch die Herzog August Bibliothek in Wolfenbüttel zu einer modernen Forschungsbibliothek umgestaltet.

Das philologische Irritationspotential der Bibliotheken ergibt sich aus Massenphänomenen – und aus der Rhetorik der Zahl, die das Erschließungsgeschäft begleitet (Wegmann 2000, S. 47-77). Die Library of Congress hütet nach eigenen Angaben mehr als 151 Millionen Einheiten, mehr als 34 Millionen katalogisierte Bücher in 470 Sprachen, dazu 66 Millionen Handschriften. Zum Vergleich: Der Gesamtbestand der Deutschen Nationalbibliothek lässt sich auf rund 26 Millionen Einheiten beziffern. Die Joseph Regenstein Library der University of Chicago beherbergt 4,5 Millionen Druckwerke, das 2009 neu eröffnete Grimm-Zentrum, Zentralbibliothek der Humboldt-Universität zu Berlin, 2,5 Millionen Bände. Noch einmal zum Vergleich: Geschlossen aufgestellte Kernbereiche von Philologenbibliotheken enthalten in der Regel 5 000 bis 8 000 Bände. Studien, die sich auf größere Korpora erstrecken, werden durch digitale Großprojekte begünstigt (Neuroth/Jannidis/Rapp/Lohmeier 2009, S. 164-165). Unterschieden werden muss die Arbeit mit Metadaten, d.h. mit Informationen über einen Text, die meist nicht Teil des Textes selbst sind, von der Arbeit an Textstrukturen, die mit Verfahren der Textauszeichnung (*Markup*) kenntlich gemacht werden (Jannidis 2010, S. 121). Ebenso verbergen sich hinter dem Begriff des Digitalisats höchst unterschiedliche Dinge – die automatisierte Reproduktion von Büchern durch Hochleistungsscanner, die Erfassung von Schrift durch Texterkennungssoftware (*Optical Character Recognition*, kurz: OCR), schließlich die professionelle Transkription von Texten in editorischen Datenbanken.

Das *Verzeichnis der im deutschen Sprachraum erschienenen Drucke des 17. Jahrhunderts* (VD 17, 1996–2010) bietet eine retrospektive Nationalbibliographie für den Zeitraum von 1601 bis 1700 – 270 000 Titel, 640 000 Exemplar-Nachweise, 29 000 Volldigitalisate. Das *Verzeichnis der im deutschen Sprachraum erschienenen Drucke des 18. Jahrhunderts* (VD 18) erschließt 10 000 Drucke, 2,5 Millionen Seiten. *Gallica*, die »Bibliothèque numérique« der französischen Nationalbibliothek, bietet knapp zwei Millionen digitalisierte Dokumente, darunter 3,5 Millionen Bücher, 25 000 Manuskripte. Die komplexen Aushandlungsprozesse, die sich mit Portalen wie der von der EU-Kommission geförderten Europeana.eu verbinden, zeigen, dass der Zugang zu Metadaten und Digitalisaten nicht bloß technische, sondern vor allem forschungspolitische und methodische Probleme stellt.

Der Experte des kleinen Kanons, der Meisterwerkphilologe, der die ästhetische Begegnung mit dem herausragenden Text sucht, nimmt solche Größenverhältnisse irritiert zur Kenntnis – und setzt ein Wertungsargument ein, um sich gegen die Menge des Ungelesenen zu verteidigen. Von Roland Barthes ist die Aussage überliefert, er sei Strukturalist geworden, um nicht in Bibliotheken arbeiten zu müssen – und zu dem Zeitpunkt, an dem der Strukturalismus selbst eine große Bibliothek aufbaue, sei es Zeit, ihn zu verlassen (Stingelin 2012, S. N3). Dem universalistischen, bibliographischen Philologieverständnis steht insofern ein spezialistisches, selektives Philologieverständnis gegenüber. Die Verfahren der intensiven Lektüre scheinen dem Philologen die Entscheidung in der Regel abzunehmen – infrage kommen kanonische Texte, in besonderem Maße Klassiker, die ihren Status gerade daher erhalten, dass sie einer ständig erneuerten Auseinandersetzung unterzogen werden (Wegmann 1994, S. 334-450).

Der explorativ arbeitende Philologe braucht hingegen eine starke Heuristik, die verhindert, dass er in der Masse des nicht problemrelevanten Materials ertrinkt – oder die Totalität des vorhandenen Materials bloß abbildet (Lepper 2009, S. 329-338). Der forschende Philologe sucht häufig keine Bücher, sondern Belege – und kann deshalb auf Bücher verzichten, wenn verlässliche Volltextdatenbanken und elektronische Editionen zur Verfügung stehen. Beschleunigte Suchverfahren verlagern die Expertenausbildung von der Belegstellenfindung zur Urteilsbildung, von der Akkumulation gelehrten Wissens zur Verfeinerung der Instrumente, die zur Bewältigung großer Informationsmengen dienen. Das Spiel auf der Klaviatur der Kataloge und Datenbanken, die Formulierung komplexer Suchfragen geht über rein technische und propädeutische Belange hinaus und kann zur philologischen Virtuosität ausgebildet werden.

Auch die Arbeitsumgebungen verändern sich: Mit der auratischen Dunkelheit, Kontemplativität und Stille der europäischen Traditionsbibliotheken konkurriert die studentische Arbeit in urbanen Kommunikationsräumen, in Coffee-Shop-Filialen und auf den Grünflächen des Universitätscampus – online verbunden mit Datenbanken, aber auch mit sozialen Netzwerken. Bibliotheksneubauten wie der Dudler-Bau (2009) der Berliner Humboldt-Universität oder der von Helmut Jahn entworfene Mansueto-Bau der University of Chicago (2011) gehen auf veränderte Bedürfnisse ein. Während Roboterkräne im automatischen Magazinsystem auf die ausleihbaren Einheiten zugreifen, arbeiten die Forscher unter einer flachen Glaskuppel bei Tageslicht. »I like that it's it really open, and I like a lot of light« – die scheinbar arglose Aussage eines Studenten, auf den Seiten der Bibliothek wiedergegeben, markiert ein Selbstbewusstsein, das sich von den arkanen Innenräumen einer geschlossenen Gelehrtenkultur verabschieden möchte.[17] Ein solcher Abschied vollzieht sich nicht ohne Nostalgie, wie sich an den Polemiken gegen den Neubau der Pariser Bibliothèque nationale am Pont de Tolbiac studieren lässt. Mag die strenge Eleganz des Berliner Dudler-Baus der barocken Rede vom »Schatzhaus« (*Tagesspiegel*, 19. November 2009) nicht gerecht werden, so ziert auffällig häufig eine Innenansicht der 1592 gegründeten Bibliothek des Trinity College, Dublin, die Titelseiten philologischer Publikationen. Form und Funktion der Bibliothek driften in der öffentlichen Imagination auseinander.

Ist die Bibliotheksentwicklung der Philologie, technisch wie ikonographisch, einen Schritt voraus? Die strikt regulierten, von der Forschung entkoppelten Geschäftsgänge moderner Bibliotheken rufen nach Pathetisierung, nach Heroisierung. So stellt die Denkschrift *Reconceiving Research Libraries for the 21th Century* des US-amerikanischen *Council of Library and Information Resources* ein Motto von George Bernard Shaw voran: »Life is no brief candle to me. It is a sort of splendid torch which I have got a hold of for the moment, and I want to make it burn as brightly as possible before handing it onto future generations.« (Motto, Henry 2008, S. IV) Anders als das pathetische Motto suggeriert, denken die Beiträger darüber nach, wie Bibliotheken auf veränderte, interdisziplinäre Fach- und Medienstrukturen reagieren können – kurz: »How do we balance a conservative, risk-averse nature with the need to respond to a changing environment? We need to think more deeply about what we want our institutions to conserve.« (Henry 2008, S. 2)

Die Brandbilder freilich, die von der prometheischen Feuermetapher unfreiwillig freigesetzt werden, müssen in einem bibliothekarischen Zusammenhang unfreiwillig alarmierend wirken – insbesondere, wenn der philologische Bibliothekszugang sich nicht mit Informationsbeschaffung begnügt, sondern die Singularität des überlieferten Buchexemplars, seinen Materialcharakter ernst nimmt. Für die materialitätsbezogene *New Philology* rücken die handgreiflichen Bestände zurück ins Zentrum des philologischen Interesses – mittelalterliche Handschriften und frühe Drucke, geschlossene Sammlungen, moderne Autorenbibliotheken, die in Anmerkungen und eingelegten Zetteln den Arbeitsprozess dokumentieren. Verkennt eine Debatte um bibliothekarische Präsenz und Haptik im digitalen Zeitalter, wie sie um die New York Public Library geführt wird, deren Bestände im Zuge eines Modernisierungsprogramms ausgelagert werden sollen, möglicherweise einen entscheidenden Punkt – die Frage nach den asymmetrischen Bedingungen der Materialherkunft und des Materialzugangs im globalen Netz?

3.2 Archiv

Archive erfreuen sich in den vergangenen Jahren einer Aufmerksamkeitskonjunktur – das nicht allein aus philologischer, sondern auch aus kulturtheoretischer Perspektive. Ist der Gang ins Archiv für den Historiker und für den Editionsphilologen eine Selbstverständlichkeit, so erwacht in der philologischen Theoriebildung und Praxisgeschichte – nach einer Phase der durch Michel Foucault und Jacques Derrida geprägten Archivmetaphorik – ein lebhaftes Interesse an Archivinstitutionen und dem, was sie bergen. Zur Veranschaulichung seien nur einige Titel genannt: *Making the Archives Talk* von James L. W. West III (Penn State University Press 2011), *Archive Time* von Ben Hutchinson und Shane Weller (Sonderheft der *Comparative Critical Studies*, Edinburgh University Press 2011), *Archivkörper. Eine Geschichte historischer Einbildungskraft* von Mario Wimmer (Konstanz University Press 2012), *Gewalt der Archive* von Thomas Weitin und Burkhardt Wolf (Konstanz University Press 2012).

Das Archiv (gr. *archeion*, lat. *archivum*, ›Regierungsgebäude‹, ›Aufbewahrungsort für Urkunden‹) ist eng mit der Machtgeschichte verknüpft. Werden Archive in der neueren Forschung häufig als beschauliche Orte des Sammelns und Bewahrens, der Kanonbildung und Kanonpflege dargestellt, so wird dabei das philologische Konfliktpotential der Archive, die Überprägung eines Bestands durch Ordnungskriterien übersehen, die philologische Wünsche übersetzen, nicht selten fehlübersetzen (RNA 2010). Was erfasst ein Archiv, wie positioniert es sich zur Philologie, welche Konflikte treten im archivarischen Prozess auf? Unterscheiden lassen sich grundsätzlich zwei philologisch relevante Archivfunktionen – eine strukturstärkende und eine strukturzerlegende Funktion. Archive verhalten sich zur Machtausübung, zum geltenden Kanon, zum geläufigen Wissen affirmativ oder subversiv. Sie halten bereit, wie Personen oder Körperschaften ihr Handeln dokumentieren – und tragen Material zusammen, das unachtsam hinterlassen wurde. Sie bieten das Gegengedächtnis zur Bibliothek, wenn sie Vorstufen, Notizen, Briefe, unvollendete und verworfene Texte verwahren. Archive gehen auf Brucherfahrungen zurück und erzeugen selbst Erfahrungsbrüche. Sie entlasten die Gegenwart von ihren Prozessablagerungen – und halten latent, was Gedächtnisstiftung und historische Gerechtigkeit ermöglicht. Bieten Archive den Zugang zur Unterseite des publizierten Materials, so geben sie den historischen Verlierern, der demokratischen Kontrolle, dem unfertigen Konzept einen Ort, aber auch dem Mangel- und Massenhaften, den alltäglichen Prozessen und ihren flüchtigen Dokumentationen. Es ist kein Zufall, dass Philologie und Archiv in ihren europäischen Ausprägungen zu keiner Zeit mächtiger erscheinen als im 19. Jahrhundert (Osterhammel 2009, S. 32-33). Es gehört zur Dialektik der nachrevolutionären Moderne, dass sie Traditionen aus dem Verkehr zieht, deren Dokumentation hingegen zu befremdetem Gebrauch ihren Speichern einverleibt (Crane 2000, S. 38-43). Zum Demokratisierungsprozess gehört der Anspruch öffentlicher Zugänglichkeit und Überprüfbarkeit, wie er in der textkritischen Philologiedefinition von Karl Stackmann (RL, Bd. 3, 2003, S. 74) zum Ausdruck kommt. Der Digitalisierungsaufforderung, mit der sich Archive konfrontiert sehen, können sie nicht strukturanalog zu Bibliotheken nachkommen. Für unpubliziertes Material bedeutet eine Digitalisierung die Erstpublikation, entsprechend fraglich ist die Grenze zur Edition. Millionen von Scans ohne professionell geprüfte Metadaten führen philologisch nicht weiter. Handschriftliches Material stellt Texterkennungsprogramme (OCR) vor bislang ungelöste Probleme, auch verlangen unkonventionelle Beschreibstoffe und Schreibtechniken nach der philologischen Autopsie. Umgekehrt freilich erschließen Archive längst große Mengen von digital entstandenem Material, das Papierstufen allenfalls behelfsweise kennt (*born-digital*). Daten- und Programmquantitäten stellen Archive vor konservatorische und rechtliche Herausforderungen, bieten freilich ein Terrain für philologische Pionierarbeiten (Ries 2010, S. 149-152).

Politische Archive begleiten die frühen Formen von Recht und Verwaltung. Die irrige Annahme, vormoderne und außereuropäische Kulturen seien archivlos gewesen, weist Osterhammel (2009, S. 33) entschieden zurück. Vielmehr muss ein ganzes Handlungsspektrum berücksichtigt werden, das von der regelmäßigen Massenentsorgung von Dokumenten im vorrevolutionären China bis zur straffen Archivstruktur des osmanischen Flächenstaats reicht. Literarische Archive treten in Westeuropa erst im Zuge moderner Auffassungen von Autorschaft auf (Chartier 2010, S. 496-498). Philologisch relevant im engeren Sinn ist die Archivierung literarischer Nachlässe – in Akademien und Bibliotheken, in europäischen Literaturarchiven wie dem Deutschen Literaturarchiv Marbach (DLA), dem Schweizerischen Literaturarchiv in Bern (SLA), dem Institut Mémoires de l'édition contemporaine (IMEC) in Paris und Caen. Eine solche Archivierung folgt dem Paradigma Wilhelm Diltheys, der 1889 in einem Vortrag die Gründung von Literaturarchiven forderte: »Wir verstehen das Werk aus dem Zusammenhang, in welchem es in der Seele seines Verfassers entstand, und wir verstehen diesen lebendigen seelischen Zusammenhang aus den einzelnen Werken. Diesem Zirkel in der hermeneutischen Operation entrinnen wir völlig nur da, wo Entwürfe und Briefe zwischen vereinzelt und kühl dastehenden Druckwerken einen inneren lebensvollen Zusammenhang herstellen.« (Dilthey 1889, S. 364)

Der literarische Nachlass sorgt für das Nachleben des Autors und macht es zugleich befragbar – im frühen 20. Jahrhundert hermeneutisch nachvollziehend im Sinne Diltheys, in der zweiten Hälfte des 20. Jahrhunderts sozialhistorisch und textkritisch rekonstruierend in der Tradition der philologischen Skepsis. Wenn die Durchbrechung der zirkulären Bewegung einer Erlebnishermeneutik eine Illusion bleiben mag, so sorgt der Nachlass zweifellos für eine Zeichenverdichtung, die erheblichen Differenzierungsgewinn erbringt – auch ohne Diltheys Kälte- und Wärmemetapher.

Die philologische Attraktivität des Archivs beruht auf seiner kriminalistischen Struktur. Archive vermitteln den Eindruck der Untrüglichkeit, in Archiven lassen sich unfreiwillig hinterlassene Spuren sichern, Indizienprozesse führen (Ginzburg 1977, S. 162). Freilich weckt nicht allein das Archivbewusstsein der untersuchten Autoren und Körperschaften Zweifel an der Vorstellung, retrospektiv jemanden beobachten zu können, der sich unbeobachtet glaubt. Die Archivierung literarischer Nachlässe nimmt deshalb die Fragen des Personengedächtnisses und des Werkruhms unweigerlich auf (Martus 2007, S. 1-51). Archive unterliegen, auch wenn sie sich dem Kanon verweigern, der Kanonisierungsfrage – und sei es in Form eines offensiv aufgebauten Gegenkanons. Vermitteln Archive den Eindruck hohen Alters, materialer Hinfälligkeit, so lagern sie paradoxerweise, was seine Zukunft in Bibliotheken, Museen, Seminaren und Schulen erst noch vor sich hat. Nicht bloß die Feststellung gegenwärtiger Unbrauchbarkeit, sondern die Erwägung künftigen Erstgebrauchs steuert die Erwerbungsentscheidungen und Erschließungsinvestitionen in Archiven. Die historistische Überforderung, die in jedem Archiv liegt, bringt Hans Blumenberg am Ende der Metaphernstudie zur *Lesbarkeit der Welt* auf den Punkt: »Denkwürdig ist, was Menschen je gedacht haben; es zu lesen, wo es lesbar gemacht werden kann, ein Akt der ›Solidarität‹ über die Zeit.« (Blumenberg 1981; 1999, S. 409)

Wer aber soll das leisten? Ein philologisch relevantes Archiv wie das Deutsche Literaturarchiv Marbach verwahrt über 1200 Vor- und Nachlässe, viele davon im Umfang von mehr als hundert Archivkästen (40 x 28 x 17 cm). Allein der Bestand der Verlage Suhrkamp und Insel umfasst schätzungsweise 10 000 solcher Kästen. Zur Überforderungsfrage tritt die heuristische Skepsis: Kann man im Archiv tatsächlich das Unvermutete aufspüren? Franco Moretti macht auf das Problem der kanonischen Steuerung von Prozessen des Suchens und Findens aufmerksam. So bildet die literaturgeschichtliche Beschreibung formaler Innovationsmomente häufig kanongeschichtliche Erfolge ab, bleibt hingegen für 99,5 Prozent der Überlieferung blind. Umgekehrt führt die Suche nach kanonisierten Merkmalen in unkanonischen Korpora häufig zu enttäuschenden Effekten. Große Entdeckungen bleiben auf solcher Grundlage häufig aus: »If we search the archive for one device only, and no matter how significant it may be, all we will find are inferior versions of the device, *because that's really all we are looking for.* No matter what our intentions may be, the research project is a tautological one: it is so focused on a canonized device (and canonized for a good reason, but that's not the point) that in the noncanonical universe it can only discover [...] the absence of the device, that is, of the canon.« (Moretti 2000, S. 226)

Die hermeneutische Heuristik kommt ins Spiel, wenn Moretti den Gegeneinwand anführt, dass Prozesse des Suchens und Findens, wie schon der Historiker Johann Gustav Droysen (1808-1884) erkennt, immer von ›etwas‹ ausgehen müssen. Es gilt also, die Ausgangslage präzise zu erfassen, Korrektive in den Suchprozess einzubauen: »Face to face with the forgotten 99,5 percent of literature, and perplexed by its size, I couldn't simply ›start reading‹: I had to read in the light of something.« (Moretti 2000, S. 226) Dass das Archiv eine solche Aufmerksamkeitsregie stärker als die Bibliothek verweigert, erlaubt philologische Expeditionen, deren Reiz sich aus der Tatsache ergibt, dass sie nach hohem Aufwand scheitern können.

3.3 Museum

Ein Museum (von lat. *museum*, griech. *museion*), meint einen Ort der Künste und Wissenschaften, einen Musenort. An das Museion von Alexandria ist die Bibliothek angegliedert. Wird der Begriff des Museums in der Vormoderne für Studienräume verwendet, so setzt sich der Aspekt der Sammlung und Ausstellung durch (Kluge/Seebold 1995, S. 576) – während in Forschungsmuseen das wechselseitige Bedingungsverhältnis von Objektstudium und Objektpräsentation erprobt wird. Die Philologie des 19. Jahrhunderts scheint den Museumsbegriff in den metaphorischen Bereich zu verlagern – etwa in Zeitschriftentitel, darunter das *Museum für altdeutsche Literatur und Kunst* (1808–1811), herausgegeben von Friedrich Heinrich von der Hagen – oder das *Rheinische Museum* (1827–), in dem Friedrich Nietzsche seine ersten philologischen Aufsätze publiziert. Doch entgeht die Philologie dem historistischen Museumsboom keineswegs – häufig in Verbindung mit Bibliotheks- und Archivgründungen (Rosenbaum 2009, S. 87-92).

Was sind die Aufgaben eines Museums? Die 2007 im Rahmen der 21. Generalversammlung des *International Council of Museums* (ICOM) verabschiedeten Statuten definieren: »A museum is a non-profit, permanent institution in the service of society and its development, open to the public, which acquires, conserves, researches, communicates and exhibits the tangible and intangible heritage of humanity and its environment for the purposes of education, study and enjoyment.«[18] Die Metapher des sprachlichen und literarischen Erbes überblendet rechtliche, ökonomische und biologische Aspekte in problematischer Weise. Das *World Heritage Committee* der UNESCO spricht vom Weltkulturerbe, zu dem, philologisch relevant, seit 1998 etwa das ›klassische Weimar‹ zählt. Das UNESCO-Programm *Masterpieces of the Oral and Intangible Heritage of Humanity* stellt Sprachen, Mythen, mündliche Überlieferungen und Performances unter offiziellen Schutz – darunter Traditionen der Garifuna-Sprache in Honduras (seit 2001), der vedischen Gesänge in Indien (seit 2003) und der Pansori-Epen in Korea (seit 2003).

Neben die Rede vom ›Erbe‹ tritt, wenn es um den öffentlichen Umgang mit Sprachzeugnissen geht, die Leitmetapher des Schatzes. Sie verweist auf repräsentationskultische und archäologische Tätigkeiten. Einen Schatz kann man hüten, vergraben, wieder ausgraben, zeigen. In der Rede vom ›Schatz‹ wirkt die Tradition der fürstlichen Wunderkammern und Galerien nach, die infolge der Französischen Revolution für das bürgerliche Publikum geöffnet werden. Bibliotheken und Archive sprechen von kulturellen Schätzen, wenn es gilt, Aufmerksamkeit auf die Handschriftenrestaurierung zu lenken oder Digitalisierungsprojekte zu begründen. Die Metapher pathetisiert Schrift und Schriftträger – wer würde zulassen, dass Schätze zerstört oder zerstreut werden? Von Schätzen ist aber auch die Rede, wenn es um die Strukturen der Sprache geht. Der Thesaurus (von griech. *thesauros*, ›Schatz‹, ›Schatzhaus‹) bezeichnet den Wortschatz, den Ausdrucksreichtum, auf den zugegriffen werden kann.

Grundformen des philologischen Ausstellungswesens nehmen beide Aspekte auf – die Repräsentationskultur wie die Kenntnisvermittlung. Längst ist Museumstheorie freilich über einfache Strukturen der Ausstellung von Schriftgut hinausgewachsen, wie sie sich bis in die Gegenwart in Bibliotheks- und Archivfoyers beobachten lassen. Sprachliche Zeugnisse ausstellen heißt eben nicht bloß: kostbare oder instruktive Bücher oder Manuskriptseiten in eine Vitrine legen. Macht eine Ausstellung ihre Objekte zu Zeichenträgern, zu ›Semiophoren‹ (Pomian 1988, S. 95), so gewinnen philologische Ausstellungen ihre Schwierigkeit und ihren Reiz daher, dass Schriftstücke und Tondokumente, Träger sprachlicher Zeichen, *als* Zeichenträger exponiert werden (Gfrereis 2013). Die ausstellerische Inszenierung zeigt nicht bloß Schätze oder vermittelt Wissen – sie demonstriert, wie Betrachter mit den Übergängen von Bildwahrnehmung und Entzifferung, Objektfaszination und Zeichenprozess umgehen. Sie spielt mit der Aufmerksamkeitslenkung, tritt gegen Museen, die über spektakuläre Großobjekte verfügen, den Beweis an, wie sich größere Öffentlichkeiten mit schwer vermittelbarer ›Flachware‹ konfrontieren lassen. Gegenwärtige Literaturausstellungen bieten Laborsituationen, führen Prozesse der Selektion und Kombination vor. Sie zeigen nicht bloß Ergebnisse philologischer Forschung, sondern auch deren Strukturen.

Literaturmuseen haben in den vergangenen Jahren einen Boom erlebt. Im *International Committee for Literary Museums* (ICLM) sind zahlreiche Einrichtungen weltweit organisiert – darunter Dichtergedenkstätten, die den Wohn- oder Schreibort eines Autors für die Nachwelt erhalten und ausgestalten, aber auch große Forschungsmuseen. Zeugen das von David Chipperfield entworfene Literaturmuseum der Moderne in Marbach oder das Letterkundig Museum in Den Haag von einer reflektierten »Schauphilologie« (Uwe Wirth, in: Bohnenkamp/Vandenrath 2011, S. 63)? Im Museum werden Schriftzeugnisse dem lesenden Gebrauch entzogen – und zum anschauenden Gebrauch bestimmt. Hinter Glas können ganze Bibliotheken anschaulich verschwinden – wie die monumentale King's Library, die enzyklopädische Sammlung Georgs III. (1760–1820), die in einem transparenten Turm im Zentrum der British Library steht. Philologische Museen setzen freilich nicht bloß auf die Unikalität ihrer Objekte. Sie gestalten den Auratisierungsprozess, vereinzeln und serialisieren, dramatisieren und stellen still. Die Dialektik von digitalen Simulationen und materieller Präsenz lösen sie nicht auf, sondern machen sie zum Thema (Neef 2008, S. 29). Nicht zuletzt in der metaphorischen Hinsicht der *musées imaginaires* – der paläographischen Handbücher, graphologischen Übersichten, manuskriptorientierten Editionen und Faksimilekataloge (Germain/Thibault 2001). Gehört zur Selbstmusealisierung des Museums, seiner Sammlungs- und Darbietungsstrukturen, auch die Musealisierung einer »Philologie des Auges«, die Bernd Stiegler (2001) für das 19. Jahrhundert rekonstruiert? Eher zeigt die Philologie im Museum, dass mediale Apokalypsen vom Ende der Sprach- und Schriftkulturen ihre eigene Überbietungsgeschichte haben.

3.4 Seminar

Das Wort Seminar kommt aus der Gartenkunst. Das lat. *semen* meint den Samen, den Setzling, das lat. *seminarium* eine Pflanzschule, eine Baumschule. Im Seminar, so die Vorstellung, soll spezialisierter Nachwuchs buchstäblich herangezogen werden (Kluge/Seebold, S. 757). Genügt nicht die Bibliothek, um philologisches Wissen abrufbar zu halten? Die universitäre Vorlesung, um Kenntnisse zu vermitteln? Die Wissenschaftstheorie und Pädagogik des 18. Jahrhunderts plädiert für ein Wissen, das nicht aus Büchern zu erwerben ist, sondern nur aus dem Umgang mit

Menschen. Für den konzentrierten Austausch von Fragen, die Erprobung von Lösungen sind Privaträume wie öffentliche Plätze gleichermaßen ungeeignet. So entwickeln im 18. Jahrhundert nicht nur die Salons intellektuelle Dynamik, sondern auch das philologische Seminar. Friedrich Nietzsche stellt fest: »Der achte April 1777, wo F. A. Wolf für sich den Namen stud. philol. erfand, ist der Geburtstag der Philologie.« (Nietzsche 1875; 1967, S. 90)

Die neuere Forschung neigt dazu, den Geburtstag der modernen Philologie deutlich vorzudatieren – auf die Gründung des Göttinger »seminarium philologicum« durch Johann Matthias Gesner (1691–1761) im Jahr 1738 (Clark 2006, S. 142). Unter »Philologie und Critik« versammelt die Göttinger Bibliothek Material und Forschung vor allem zur griechischen und lateinischen Philologie (Pütter 1765, S. 215-223). Christian Gottlob Heyne (1729–1812) versammelt eine strenge Auswahl von »Studiosis«, die, mit einem Bücherstipendium ausgestattet, seit 1763 an der Göttinger Universität »humanistische Collegia« hören und für die akademische Forschung, den Schulbetrieb und das Bibliothekswesen ausgebildet werden. Die kommunikative Verdichtung des Seminars, in dem Studierende und Professoren nicht bloß Wissen artikulieren, sondern sich fragend und argumentierend dem Material zuwenden, bauen auch die neueren Philologien im 19. Jahrhundert nach. Der Entwurf (1884) von Wilhelm Scherer (1841–1886) für sein Germanisches Seminar in Berlin sieht vor: »Mit Bibliotheken ausgestattete Seminare, in denen die vom Direktor aufgenommenen Mitglieder von Morgens bis Abends ungestört arbeiten können, in denen auch die vom Direktor geleiteten Übungen stattfinden, haben einen ähnlichen Vorteil für die philologischen und historischen Wissenschaften wie die Laboratorien für die Naturwissenschaften.« (Meves 2011, S. 843)

Die Labormetapher signalisiert, dass das philologische Seminar nicht als bloße Lehrveranstaltung oder Verwaltungseinheit, sondern als experimentelle Verbindung von Forschung und Lehre verstanden wird. Amerikanische Universitäten wie die 1876 gegründete Johns Hopkins University und die 1890 gegründete University of Chicago orientieren sich an dem deutschen Konzept, Forschung und Lehre zusammenzudenken – und revolutionieren damit die amerikanische Hochschullandschaft, die sich bis dahin eher an den Strukturen der höheren Schulen und Predigerseminare orientiert.

Freilich neigen Schilderungen der Seminargründungen des 18. und 19. Jahrhunderts zur Idealisierung. Die asymmetrische Direktoratsstruktur fördert straffe Organisation, aber auch Lehrer-Schüler-Abhängigkeiten, geschlossene Interpretationsgemeinschaften, charismatische Kanonverengung. Gegen solche Fehlentwicklungen ist freilich die anders gelagerte Struktur der amerikanischen Departments ebenso wenig gefeit. Der amerikanische Literaturwissenschaftler J. Hillis Miller (geb. 1928) bemerkt, wie stark selbst – oder gerade – die autoritätsverweigernden, dekonstruktivistischen Studien einen departementalen Kanon etablieren. Mit Blick auf Harold Bloom (geb. 1930), seinen Mitstreiter im Kreis der sogenannten Yale School, stellt er im Gespräch mit Imre Salusinszky fest: »One could say that one of the really conservative things about Bloom is that his work is deeply rooted in the Yale English Department. His canon *is* the Yale English Department canon. You give him a Stevens poem, and he thinks about Whitman. That's OK: ›Father Whitman‹.« (Salusinszky 1987, S. 219)

Die vormoderne Tradition einer Philologie, die auf Lehrstühlen für Poetik und Rhetorik betrieben wird, lebt in modernen Curricula wieder auf. Das Ideal zweckfreier, humanistischer Bildung, dem eine verstaubte Schulrealität widerspricht, wird schon um 1900 zugunsten praktisch orientierter, professioneller Wissensvermittlung aufgebrochen (Kroll 2003, S. 5). Unter der Voraussetzung, dass Studierende der philologischen Fächer nur zu einem Bruchteil in der philologischen Forschung bleiben, stattdessen in der Wirtschaft und der Politik, in den Schulen, in den Medien arbeiten, wendet sich der amerikanische Literaturwissenschaftler Robert Scholes (geb. 1929) gegen die realitätsferne Seminarübung, in der Texte entstehen, für die weder die Literatur noch die nichtliterarische Welt eine Verwendung hat: »When professors were orators, they did not mind coaching students in oratory. But when professors became philologists, scholars, or literary critics, they deeply resented helping students with a prose that was neither literature nor anything else, but just ›composition‹—just as students resented and resisted learning a kind of writing that seemed to have no function beyond school.« (Scholes 1998, S. 190)

Die grundlegende Philologiedefinition aus Zedlers *Universal-Lexicon*, der zufolge Philologen sich durch besondere Kompetenzen des Redens und Schreibens auszeichnen (Zedler 1741, Sp. 1984), scheint wieder aufzuleben, wenn der Darstellungsmodus sich in Schreibkursen vor den Forschungsmodus schiebt: »It can be writing about film, or writing about poetry, or writing the personal essay, or writing about advertising. An instructor at Brown (Jonathan Goldman) had good success with a ›Writing About Ulysses‹ section of a basic writing course.« (Scholes 2011, S. 143)

Kann der produktive Umgang mit Sprache nicht den beobachtenden Blick schärfen, den Trübsinn eines rein sekundären Verhältnisses zur Sprache und Literatur entspannt auflösen? Außerhalb der US-amerikanischen *Humanities* provoziert das »It can be ...« die gereizte Nachfrage, ob es sich um propädeutische Übungen handle und welches historische Verständnis sprachlicher Kreativität ihr zugrunde liege. Erschöpft sich am Ende die wissenschaftliche Arbeit in reiner Vermittlungstätigkeit, so wie die Textarbeit sich in der – wie konzentriert auch immer begriffenen – Lesetätigkeit erschöpft? Ein Homer- oder Joyce-Philologe wird sich mit »Writing About *Ulysses*« kaum zufriedengeben. Die Kritik an Seminarstrukturen markiert gleichwohl einen entscheidenden Punkt – das Verhältnis von Erkenntnis und Anwendung, Wissenschaft und Politik. Schon der niederländische Rhetoriker Gerhard Johannes Vossius (1577–1649) trifft in seiner Schrift *De philologia* (1650; 1660) die Unterscheidung zwischen der *historia sermonis*, der Geschichte der Rede, und der *cura sermonis*, der Sorge um die Rede (Lempicki 1920; 1968, S. 468). Der Scheingegensatz von Schule und Leben ist derartig überstrapaziert, dass sich zu Recht das kritische Misstrauen regt, wenn nicht Sprachbeobachtung, sondern Lebensweisheit vermittelt werden soll: »I have tried, perversely, to show that we need to use our creative powers to interpret sacred texts as closely as possible, imagining the intentions of their creators, and to use our critical powers to tease out the values hidden in profane texts, so as to see what we may learn from them about our own lives.« (Scholes 2011, S. 141) Unterstellt man Robert Scholes, dass es ihm nicht um die Reaktivierung des Predigerseminars geht, dann spricht manches für eine Philologie, die ihre sprachlichen und literarischen Probleme nicht bloß als rekonstruktive, sondern als gegenwartskonstitutive begreift.

3.5 Schule

Das griech. Wort *scholé* meint die Muße, die freie Zeit, die für Vorträge und Studium verwendet werden kann. Sobald die Lernzeit zur Pflichtzeit wird, verschwindet der Aspekt der Ruhe und Langsamkeit. Das lat. Wort *schola* bezeichnet den gelehrten Vortrag, aber auch die Lehrstätte – und die Schule im disziplinarischen Sinn der Schülerschaft, Anhängerschaft. Der Schulbegriff führt über die pädagogischen Belange des Lese- und Schreibunterrichts hinaus. Im wissenschaftshistorischen Sinn meint die Schule eine generationelle Ausbildungsfolge von Forschern, die sich durch die Weitergabe von Methoden und Praktiken verbunden wissen. Der Schulbegriff findet Verwendung, wenn man Verfahrenskontinuitäten beschreiben oder die Durchsetzung von Wissensansprüchen, die Sicherung disziplinärer Machtpositionen erklären will (Klausnitzer, in: Danneberg [u.a.] 2005, S. 32).

Schulen liefern Gütesiegel für junge Philologinnen und Philologen – oder dienen der Polemik. Sagt man, dass jemand aus der Lachmann-Schule kommt, will man auf sein solides, textkritisches Handwerkszeug hinweisen – oder ihn als borniertren Variantenbuchstabierer bloßstellen. Die Kontinuitätsgarantie der Schule schützt vor Dilettantismus, aber auch vor Überraschungen. Im 20. Jahrhundert treten an die Stelle traditioneller Gelehrtengenealogien häufig einzelne Referenzfiguren, deren exemplarisches, zuweilen hagiographisch stilisiertes Leben und Arbeiten für Relevanz und Orientierung einsteht – darunter Romanisten wie Erich Auerbach und Werner Krauss. Philologen wie Walter Benjamin (1892–1940), die aus diskriminatorischen wie werkintrinsischen Gründen keine Schule begründen, werden in der zweiten Hälfte des 20. Jahrhunderts postum zu intellektuellen Stichwortgebern, popkulturellen Stars.

Europäische Schultraditionen hingegen zeigen ein streng geregeltes Curriculum, autoritäre Strukturen, militärischen Drill. Die Vermutung des früheren französischen Präsidenten Nicolas Sarkozy, dass hinter dem literarischen Lehrplan nur ein Sadist oder ein Dummkopf, »un sadique ou un imbécile«, stecken könne, ruft die Vorstellung einer repressiven Einrichtung auf, die zum tatsächlichen Leben keine nützliche Verbindung unterhält – ein Argument aus der Philologiekritik des 19. Jahrhunderts: »Gegen die Wissenschaft der Philologie wäre nichts zu sagen: aber die Philologen sind auch die Erzieher. Da liegt das Problem, wodurch auch diese Wissenschaft unter ein höheres Gericht kommt. Und würde die Philologie noch existiren, wenn die Philologen nicht ein Lehrerstand wären?« (Nietzsche 1875; 1967, S. 90).

Schon die vormoderne Philologie unterhält ein intensives Verhältnis zum Schulwesen – und festigt, indem sie an den Lehrplänen mitschreibt, ihre Systemrelevanz (Gumbrecht 2002; 2003, S. 12). Die deutschen Philologen, die seit dem 18. Jahrhundert in den Seminaren für klassische, seit dem 19. Jahrhundert auch in den Seminaren für moderne Philologien ausgebildet werden, üben das Handwerkszeug der Forschung ein, finden ihren Einsatzort aber mehrheitlich nicht in den Universitäten und Akademien, sondern in den höheren Schulen (Most 2002, S. 115-142). Ähnliches gilt für Frankreich, wo ein zentralistisches Hochschul- und Schulsystem bedingt, dass der Weg des Lehrexamens, der *agrégation*, von den Hochschulen in die Schulen, zuweilen auch von den Schulen zurück in die Hochschulen führt.

Philologische Forschung hat insofern bis weit ins 20. Jahrhundert auch einen schulischen Standort – freiwillig wie unfreiwillig. Häufig ist der regulär besoldete Posten eines Gymnasialrektors für einen Philologen wie Johann Leonhard Frisch (1666–1743), der das Gymnasium zum Grauen Kloster in Berlin leitet und gleichzeitig in der von Leibniz gegründeten Akademie tätig ist, attraktiver als eine unsichere, außerplanmäßige Professur an einer Universität. Georg Friedrich Grotefend (1775–1853), der 1802 aufgrund von Abschriften die altpersische Keilschrift entziffert, unterrichtet als Philologe an städtischen Gymnasien in Göttingen und Frankfurt am Main. Als Stoff- und Motivhistoriker macht sich Johannes Bolte (1858–1937) verdient, der nach dem Studium als Gymnasiallehrer in Berlin arbeitet und 1922 in die Berliner Akademie der Wissenschaften aufgenommen wird. Am Birklehof, einem Internat im Schwarzwald, betreibt Georg Picht (1913–1982) das Projekt eines großangelegten Platon-Wörterbuchs, das ein Torso bleibt. Unter den Bedingungen ausdifferenzierter Universitäts- und Bildungssysteme erscheint es bizarr, dass die Deutsche Forschungsgemeinschaft (DFG) 1951 Mittel für ein philologisches Wörterbuchprojekt an eine Schule vergibt. Was Picht noch vorhat, nämlich die Integration der Schule in eine griechisch-römische Tradition, schließen die Förderrichtlinien der DFG längst aus: Schülern und Lehrern ist es nicht gestattet, am Platon-Archiv mitzuarbeiten. Für das Projekt vorgesehen sind stattdessen zwei wissenschaftliche Mitarbeiter sowie studentische Hilfskräfte (Flashar 2011, S. 96-98). Was die moderne Wissenschaftspolitik nicht mehr vorsieht, erprobt Picht freilich in spätabendlichen Platon-Lesungen, an denen die Archivmitarbeiter und die altsprachlichen Lehrer der Schule teilnehmen.

Der Latein- und Griechischunterricht liefert seit der Frühen Neuzeit nicht nur den Schlüssel zu entscheidenden Bezugstexten und zu den terminologischen Grundlagen sämtlicher Disziplinen, sondern ein Habitusmodell, eine Denkweise und Verhaltenslehre. In der europäischen Bildungsgeschichte wird ein antiker Kanon politisch und ethisch überfrachtet. Die Rückkehr »zu den Quellen« – »ad fontes« – verspricht nicht bloß eine verlässliche Textgrundlage, sondern eine Überwindung korrupter Sekundärwelten, den Zugang zu einer humanpolitischen Idealvorstellung (Erasmus 1511; 1971, S. 120). Meint das lat. Wort *humanitas* das, was den Menschen auszeichnet, so vermengen sich anthropologische Zuschreibungen – die Fähigkeit zur Sprache, zur Kunst, zur Moral – mit einem normativen Bildungsideal. Das humanistische Schulkonzept, im frühen 19. Jahrhundert programmatisch vertieft, distanziert sich vordergründig von ökonomischen Nützlichkeitserwägungen, beansprucht stattdessen, den ganzen Menschen nach einem Ideal zu formen, das in Texten, Skulpturen und Architekturzeugnissen der klassischen Antike zu suchen sei (Grafton/Most/Settis 2010, S. 462-467).

Im deutschen Begriff des Gymnasiums (griech. *gymnasion*, ›Übungsplatz‹, ›Turnhalle‹) bleibt der Doppelaspekt der körperlichen und kognitiven Ertüchtigung erhalten. Das humanistische Gymnasium, das auf einer altphilologischen Grundlage beruht, erfährt im späten 19. Jahrhundert eine strukturelle Ergänzung durch Lehranstalten, die auf ökonomische und technische Anforderungen durch den Unterricht von Naturwissenschaften und neueren Sprachen vorbereiten. In Deutschland schafft ein Erlass im Jahr 1900 das Monopol der humanistischen Gymnasien zugunsten der neuen Realgymnasien ab (Kroll 2003, S. 4). Bis in die Gegenwart hält sich die Begriffsverwendung, die mit einem ›Philologen‹ einen Gymnasiallehrer, dabei keineswegs nur einen Fachvertreter der altsprachlichen Fächer meint. Der konstitutive Anspruch, den die Philologie für das Gymnasium in der deutschen Tradition hegt, erhält sich in Verbänden wie dem 1903 gegründeten *Deutschen Philologenverband*, der aktuell rund 90 000 Mitglieder, darunter keineswegs nur Lehrer für alte oder neue Sprachen vertritt.

Kann die universitäre Philologie in Memoiren heroisiert werden, bleiben hingegen von der schulischen Philologie weniger rühmliche Versatzstücke. Die Schule mag keinen geringen Beitrag dazu geleistet haben, dass das Wort ›Philologie‹ in Deutschland im 20. Jahrhundert erst geballten Hass auf sich gezogen hat – und anschließend gründlich aus der Mode gekommen ist: »Es klingt nach Studienrat, es erinnert an verstaubte Gipsköpfe als angebliche Vorbilder fürs Leben, und es riecht nach dem Boh-

nerwachs auf den Fluren eines humanistischen Gymnasiums.«
(Steinfeld 2004, S. 29)

Zu den Stereotypen der Schulphilologie zählt, gefürchtet und
verspottet, der Pedant. Die Entproblematisierung im Lehrbetrieb
(Kämper-van den Boogaart/Martus/Spoerhase 2011, S. 11), die auf
die Einübung von Lehrstoff, nicht auf die erkenntnisoffene Frage setzt, bringt Kontrollmechanismen mit sich. Der vormoderne Schulphilologe prüft Vokabellisten und Konjugationen ab –
und bezahlt die Furcht, die er verbreitet, mit ebenso großer
Angst vor eigenen Fehlern (Schwindt 2009, S. 8). Pedanterie,
d.h. übertriebene Ordentlichkeit und Genauigkeit, gehört nach
der *International Classification of Diseases* zu den Kennzeichen
einer zwanghaften Persönlichkeitsstörung (ICD-10: F60.5). Sozialhistorisch gehört die Pedanterie, die sich in der schulischen,
auch universitären Philologie des 19. Jahrhunderts ausprägt, zur
Physiognomie des Kleinbürgertums. Die Karikatur des mecha-
nistisch prüfenden Philologen kann in der Gattung der Anek-
dote freilich eine schrullig-sympathische Seite zurückgewinnen.
Der Kunsthistoriker Erwin Panofsky berichtet im amerikanischen
Exil von seinem Berliner Griechischlehrer, einem liebenswerten
Pedanten, der sich selbst vor der Klasse bezichtigt, ein falsch ge-
setztes Komma im Text übersehen zu haben – was umso unver-
zeihlicher sei, als er selbst über genau dieses Komma vor Jahren
einen Aufsatz geschrieben habe (Grafton 2012, S. 22).

Die Didaktisierung der Philologie im 20. Jahrhundert erweist
sich freilich als mindestens ebenso fatal für das öffentliche Bild
wie die Schulmeisterei. Für den Literaturwissenschaftler J. Hillis Miller dient die Sonntagsschule der amerikanischen Baptis-
ten der Veranschaulichung, wie sprachliche Neugier und litera-
risches Lernbedürfnis didaktisch ausgehungert werden können:
»Although I went to Sunday School until I was a senior in high
school, one of my resentments about American Protestantism is

that you don't get taught anything. I can find Habakkuk in the Bible, and I know how to make soap models of houses in Palestine, and that's about what I learned in twelve years of going to Sunday School.« (Salusinszky 1987, S. 231)

Bildungshistorisch verdrängen die Geschichts- und Sozialwissenschaften infolge der Studentenrevolten von 1968 die Philologie aus der Funktion, informierte, kritische Zeitgenossen zu erziehen. Nachdem die Heilserwartungen in den Gesellschaftswissenschaften sich abgekühlt haben, erhalten die sprachlichen Fächer neue Möglichkeiten, ihre Relevanz unter Beweis zu stellen. Wenn die Philologie gegenwärtig Breitenwirkung erzielt und große Teile der Bevölkerung erreichen kann, dann zweifellos in der Schule – wenn sie Grundlagen der Grammatik vermittelt, in den Umgang mit Texten einführt, die Faszination für andere Sprachen weckt, für den Reiz und die Komplexität literarischer Strukturen sensibilisiert. Das Trivium der mittelalterlichen Propädeutik, das in *De nuptiis Philologiae et Mercurii* vorgestellt wird – Grammatik, Dialektik, Rhetorik –, erweist sich als keineswegs ›trivial‹ in dem abwertenden Sinn, in dem das Adjektiv gegenwärtig meist gebraucht wird. Muss die Philologie, die über orthographische Fragen streitet, sich unter globalen Bedingungen nicht vielmehr darüber beunruhigen, dass in Indien die männliche Alphabetisierungsrate, erhoben zwischen 2005 und 2010 unter den 15 bis 24-Jährigen bei 88 Prozent, die weibliche Rate im gleichen Zeitraum in der gleichen Gruppe trotz aller Anstrengungen immer noch bei 74 Prozent liegt?[19] Das Triviale ist das Grundlegende – das ABC, wie der Philosoph Hermann Lübbe im Mai 2012 in einer Diskussion treffend sagte: das Nachdenken über die fragilen drei Striche, die lateinisch geschulte Kinder dazu bringen sollen, A zu lesen.

4. Erkenntnis

Philologie sucht und legt Grundlagen für die historischen Fächer – so lautet eine häufig anzutreffende Form der philologischen Aufgabenbeschreibung, wie Jonathan Culler während einer Tagung an der Harvard University zur Frage *What is Philology?* bemerkt: »This is the notion of philology as basic or foundational, a kind of first knowledge that serves as the precondition of any further literary criticism or historical and interpretive work.« (Culler 1990, S. 50)

Auf welchen Grundlagen und Leitannahmen beruht aber eine solche Philologie selbst? Culler wählt das Beispiel der philologisch begründeten Interpretation: »Several contributors emphasize the basic philological project of reconstructing the meaning of a word, particularly in ancient texts. This activity depends on a crucial enabling convention, which itself has the character not of a fact of nature but of a cultural assumption, one of many possible cultural conventions about the nature of texts, namely the assumption that the word has a meaning, and that this meaning is something one can reconstruct by the means that philology has available to it.« (ebd., S. 50) In einem fundamentalen oder rekonstruktiven Anliegen kann sich Philologie nicht erschöpfen, wenn sie die Mittel ernst nimmt, die ihr zur Kritik von Fundamentalismen und Rekonstruktionen zur Verfügung stehen: »The play of the term *philology*, it seems to me, is valuable insofar as it captures the crucial tension between the reconstructive project and that critique of construction which philology ought to have as its goal.« (Ebd., S. 52)

Natürlich verfolgt auch Culler, der aus strukturalistischer Tradition argumentiert, ein Fundierungsanliegen, wenn er davon spricht, welches Ziel die Philologie verfolgen sollte. Ein grundlagenkritisches Verständnis, das vor den Grundlagen der Philologie nicht haltmacht, reicht in die europäische Aufklärung zurück. Philologen wie Friedrich Ast (1778–1841) können sich darauf beziehen, wenn sie sich um eine Antwort auf die Frage bemühen, wie Individualerkenntnis und Strukturerkenntnis zusammenfinden können. In den *Grundlinien der Grammatik, Hermeneutik und Kritik* (1808) bemerkt Ast: »Wonach ich strebte und immerfort streben werde, ist: Gründlichkeit mit Wissenschaftlichkeit zu verbinden. Denn dieses und nur dieses ist das wahre Ziel des Philologen. Er soll nicht ein bloßer Sprachmeister oder Antiquar seyn, sondern auch Philosoph und Aesthetiker; er soll ja den ihm gegebenen Buchstaben nicht bloß in seine Bestandtheile zerlegen können, sondern auch den Geist erforschen, welcher den Buchstaben bildete.« (Ast 1808, S. IV)

Der Geistbegriff, den Ast verwendet, markiert seine Position historisch – nicht allein durch den biblischen Verweis auf den 2. Korintherbrief (3,6): »Der Buchstabe tötet, der Geist aber macht lebendig«, heißt es dort. Zugleich weist Ast einen Topos aus, der die philologische Reflexion begleitet. In der Philologie werde, so der Komparatist Peter Szondi (1929–1971), traditionell der »Kenntnis« zu viel, der »Erkenntnis« zu wenig Beachtung geschenkt (Szondi 1962; 1978, Bd. 1, S. 267).

Wie aber lässt sich philologische Erkenntnis beschreiben? Liegt in der Praxis des Unterscheidens und des Erschließens schon das Erkenntnispotential? Benennt Ast mit Grammatik, Kritik und Hermeneutik drei Gebiete, so ist noch nicht gesagt, welche philologischen Erkenntniserwartungen sich damit verbinden. Wie kann das Verständnis von Sprachzeugnissen aus historischer Sprachkenntnis heraus erschlossen werden, wenn sie selbst als

Belege zur historischen Rekonstruktion sprachlicher Strukturen dienen? Geht es um den Nachweis historischer Wissensbestände? Um die soziale Funktion von sprachlichen Handlungsweisen, um die politische Referenz literarischer Texte? Um die spezifische Leistung eines literarischen Werks, um strukturelle Ähnlichkeiten in einem historischen Kontext, um evolutionäre Errungenschaften?

Konturieren lässt sich eine Gruppe philologischer Ansätze, denen es um Erkenntnis an sprachlichen Gegenständen geht – gegenüber anderen Zugängen, die sprachliche Befunde wählen, um Erkenntnisse über *außer*sprachliche Gegenstände zu erzielen. In den ersten Bereich fallen Teile der Grammatik und der Sprachgeschichte, ebenso ein Zweig der Textinterpretation, der es um die poetische und ästhetische Dimension sprachlicher Artefakte geht. Die strenge Wortphilologie Gottfried Hermanns (1772–1848), die sich gegen den universalistischen Ansatz August Boeckhs richtet, gehört in diesen Bereich – aber auch der Formalismus Roman Jakobsons und die Stilkritik Leo Spitzers (Hutchinson 2011, S. 34-35).

In den zweiten Bereich fallen Zugänge, wie der italienische Gelehrte Giambattista Vico (1668–1744) sie in seiner *Scienza nuova* (1725) erprobt. Als Philologen bezeichnet Vico in einem weiten Sinn »alle Grammatiker, Geschichtsschreiber, Kritiker«, die sich »mit der Erkenntnis der Sprachen und den Taten der Völker befassen, und zwar sowohl derjenigen im Innern, wie der Sitten und Gesetze, als auch der auswärtigen, wie der Kriege, Friedensschlüsse, Bündnisse, Reisen, Handelsbeziehungen« (Vico 1725; 1744; 1990, § 139 [S. 92]). Die zuletzt genannte Form philologischen Erkenntnisstrebens benötigt eine Integrationsgröße außerhalb des sprachlichen Gegenstands – das Leben eines Autors, die Absichten einer politischen Gruppe, den Geist einer Nation, die Mentalität einer Zeit, die Befähigungen des Menschen, die

Kulturleistungen der Menschheit. Die Tatsache, dass einige dieser Begriffe uns irritieren, darf nicht davon ablenken, dass dieser zweite Zugang eine kulturwissenschaftlich motivierte Philologie umfasst, die nach Literatur und Gesellschaft, Literatur und Wissen fragt. Erscheint ihr Anliegen leichter plausibilisierbar als das einer auf sprachliche Strukturen gerichteten Philologie, so gerät sie auch leichter in die Falle des politischen Pathos – national im 19. Jahrhundert, global im 21. Jahrhundert. Die folgende schlichte Gliederung nach Grammatik, Kritik und Hermeneutik, die Friedrich Asts *Grundlinien* aufnimmt, muss sich ihrerseits durch andere, vormoderne Gliederungen erschüttern lassen – wie jene in Gerhard Johannes Vossius' Buch *De philologia*, die »grammatica, rhetorica, metrica« auf der einen Seite, »geographia, chronographia, genealogia, historia pragmatica« auf der anderen Seite auffächert (Lempicki 1920; 1968, S. 468).

4.1 Grammatik

Grammatik (griech. *grammatiké techné*, lat. grammatica) kann, dem Wort nach, nur eine europäische Erfindung sein, doch die erste Auseinandersetzung mit sprachlichen Strukturen verzeichnet die Indologie im 8. Jahrhundert v. Chr. – in einer Zeit, in der einigen Datierungen zufolge im östlichen Mittelmeerraum die homerischen Epen entstanden sein könnten. Frühe indische Grammatiken befassen sich, wie sich aus zurückverweisenden Zeugnissen rekonstruieren lässt, mit etymologischen und morphologischen Fragen. Der Gelehrte Pāṇini (5. Jh. v. Chr.) verfasst eine komplexe Sanskrit-Grammatik, die, maßgeblich für literarische Traditionen, seit der britischen Kolonialzeit eine rege internationale Rezeption entfaltet (Pollock 2009, S. 955).

Grammatik meint anfänglich die Fertigkeit des Lesens, die Kunst, mit dem Buchstaben (griech. *gramma*) umzugehen (HWbPh, Bd. 3, Sp. 846). Wesentliche Anregungen verdankt die Philologie der Sprachphilosophie – so der Frage, inwiefern sprachliche Bezeichnungen konventionell oder naturgegeben sind. Platon führt im Dialog *Kratylos* (um 400 v. Chr.) beide Positionen gegeneinander – offenbar ist der Wortgebrauch weder eine Angelegenheit der privaten Willkür noch ein universaler Schlüssel zu den Gegenständen. Interessiert den Philosophen das wahre, unwandelbare Sein, so richtet sich die Aufmerksamkeit des Philologen auf die Vielzahl der Sprachen, die sich in stetigem Wandel befinden. In hellenistischer Zeit begründen Sprachgelehrte im Mittelmeerraum die Grammatik als philologische Kerndisziplin. Dem alexandrinischen Gelehrte Dionysios Thrax (ca. 180-90 v. Chr.) wird die erste *Techné grammatiké* zugeschrieben, welche sich mit Sprachregeln befasst. Die Echtheit der Schrift ist freilich umstritten – und so ragt die philologische Textkritik in die Geschichte der Grammatik hinein: Handelt es sich tatsächlich um einen Traktat des 2. Jahrhunderts v. Chr. oder erst um eine Kompilation des 4. Jahrhunderts n. Chr. (DNP, Bd. 3, Sp. 633-634)? Ein enges Grammatikverständnis bei Aelius Donatus (4. Jh. n. Chr.) und Priscianus (6. Jh. n. Chr.), das sich auf die Sprachlehre konzentriert, tritt neben einen weiten Grammatikbegriff, der die historischen und literarischen Wissensbereiche einschließt.

Besteht die mittelalterliche Grammatik aus Kommentaren zu den antiken Grundlagentexten, so gerät sie zugleich ins Kräftefeld der Sprachtheorie und der Logik. Ihr geht es nicht allein um Redeteile (*partes orationis*) und Syntax (*constructio*), sondern um das Verhältnis von Sprache, Denken, Gegenständlichkeit und Abstraktion. Wie vollzieht sich der Spracherwerb, wie werden Dinge adäquat bezeichnet? Unter welchen Bedingungen ist nach der babylonischen Sprachverwirrung, von der das Alte Testament berichtet, Verständigung möglich? Ist der Mensch, vom Schöpfer mit der Benennungsgabe ausgestattet, in die Grenzen der Sprachtradition gewiesen – oder darf er sich als Entwickler, Techniker, Künstler (*artifex*) seiner Sprache begreifen?

Inwieweit gehen sprachliche Strukturen auf angeborene Grundlagen zurück, die allen Menschen gemeinsam sind? Wie deutlich sind Sprachen in Kulturen verwurzelt, wie stark sind Denkweisen und Zugänge zur Objektwelt über die Sprache vorgebahnt, in der die Sprecher sich bewegen? Lassen sich künstliche Sprachen generieren, die effizienter sind als die historisch entwickelten Sprachen (Maat 2004, S. 267-329)? In der einflussreichen Schrift *De dignitate et augmentis scientiarum* (1623) unterscheidet Francis Bacon eine »grammatica literaria«, die der Erforschung und Erlernung historischer Sprachen dient, eine »grammatica philosophica«, die sich dem Verhältnis von Wörtern und Sachen widmet – sowie eine »grammatica nobilissima«, die auf das Projekt einer vollkommenen Sprache ausgerichtet ist. Den Versuch einer allgemeinen, rationalen Grammatik unternehmen Antoine Arnauld und Claude Lancelot in der *Grammaire générale et raisonnée* (1660), nach der bei Paris gelegenen Abtei »Grammatik von Port-Royal« genannt. Beruhen sprachliche Strukturen auf Grundtätigkeiten des Geistes, so gilt es, die Vorgänge zu erschließen, auf denen grammatische Kategorien beruhen: Wahrnehmung und Beurteilung von Gegenständen, Eigenschaften, Prozessen.

Hartnäckig hält sich die Erzählvorgabe, die Philologie habe erst am Ende des 18. Jahrhunderts die Historizität der Sprachen erkannt (Pollock 2009, S. 936). Wie verhält es sich dann mit den etymologischen und sprachhistorischen Forschungen bei Gottfried Wilhelm Leibniz im späten 17. Jahrhundert, bei Jacob Friedrich Reimmann im frühen 18. Jahrhundert (Gardt 1999, S. 219-229)? Während die Naturwissenschaften der Philologie in der zweiten Hälfte des 19. Jahrhunderts den leitenden Rang streitig machen und sie in den Bereich der Pflege historisch kontingenten Materials zurückverweisen, versuchen die sogenannten Junggrammatiker, eine strenge Sprachwissenschaft zu begründen, an deren Anfang die Ausnahmslosigkeit der Lautgesetze steht. Motiviert diese Forderung bemerkenswerte lautphysiologische Entdeckungen, darunter die Arbeiten von Hermann Osthoff (1847–1909), so müssen sich die Junggrammatiker vorwerfen lassen, soziale und kulturelle Aspekte der Sprache nicht genügend zu berücksichtigen. Auf empirischer Ebene zeigt der *Sprachatlas* Georg Wenkers (1852–1911), der die Ausnahmslosigkeit der Lautgesetze bestätigen soll, wie wenig die Dialektdiversität in ihrer geographischen Streuung solchen Gesetzen entspricht.

Die Technologisierung der Linguistik markiert vordergründig deren Loslösung von der historisch orientierten Philologie. Noam Chomsky entwickelt seine generative Grammatik nicht allein an der traditionsreichen University of Pennsylvania, sondern seit 1961 auch am Massachusetts Institute of Technology (MIT). Die Korpuslinguistik nimmt sich große, digital auswertbare Sprachdatenmengen vor. Neuartige Verbindungen zur Literaturwissenschaft eröffnen sich, wenn Edition und Statistik, wortgeschichtliche und literaturgeschichtliche Untersuchungen Hand in Hand gehen. Vom philologischen Urteil befreit eine automatisierte Untersuchung großer Korpora nicht. Entscheidend ist deren Zusammenstellung, die immer ausschnitthaft und historisch geprägt bleibt – die Frage, die auf sie angesetzt wird, und die Interpretation der Ergebnisse (Lauer 2011, S. 81).

4.2 Kritik

Ist die moderne Philologie nicht bloß ein Produkt der Institutionen des 19. Jahrhunderts, sondern geht sie vielmehr auf Denkfiguren der Vormoderne zurück, so gilt das nicht zuletzt für ein radikales Kritikverständnis (Vanek 2007). Kritik (von griech. *krinein*, ›unterscheiden‹) meint die Fähigkeit, Differenzen zu erkennen, Urteile zu fällen, Entscheidungen zu treffen. Die kantische Formel aus dem Aufklärungsaufsatz nimmt Richard Bentley prägnant vorweg, wenn er das »sapere aude« aus den *Epistulae* (I, 2, 40) des Horaz zitiert: »Noli librarios solos venerari, sed per te sapere aude« – nicht allein die Schreiber und Buchgelehrten solle man verehren, sondern wagen, sich des eigenen Verstandes zu bedienen und eigene Erkenntnisse zu gewinnen (Bentley 1711, S. 2). Kants Aufforderung »Sapere aude!«, 1784 als »Wahlspruch der Aufklärung« lanciert, blickt insofern auf eine bemerkenswerte philologische Tradition zurück (Haugen 2011).

Die Kritik misstraut dogmatischen Positionen. Sie hebelt den Geltungsanspruch von Lehrmeinungen aus, indem sie innerhalb der Tradition auf Differenzen hinweist. Die Philologen des 18. und 19. Jahrhunderts, die mit vormodernen Texten zu tun haben, betreiben Echtheitskritik und stellen autorschaftliche Zuschreibungen auf den Prüfstand. Die neuere Sanskrit-Forschung zeigt freilich, dass es sich keineswegs um ein europäisches Monopol handelt: »Indian scholars from as early as the tenth century spoke of readings or passages that were ›correct‹ (or ›better‹), ›authoritative‹, ›false‹, ›mistaken‹, ›corrupt‹, ›unmetrical‹, ›ancient‹, ›interpolated‹—and, last but not least, ›more beautiful‹.« (Pollock 2009, S. 953)

Textkritiker der europäischen Tradition brechen die Textoberfläche auf, erzählen Überlieferungsgeschichte als Verfallsgeschichte, begreifen philologische Rekonstruktion als Rettung. Ihr kritisches Anliegen erkaufen sie freilich mit dem neuen Dogma des unverfälschten Originals, der authentischen, vom Autor beglaubigten Handschrift (Chartier 2010, S. 496-511). Liegt eine solche, wie in der vormodernen Überlieferung, nicht vor, tritt an ihre Stelle das Phantasma des Archetyps (von griech. *arche*, ›Ursprung‹, *typos*, ›Geformtes‹), d.h. des ältesten, aus dem Material zu erschließenden Überlieferungszustands eines Textes, der freilich nicht mit dem Original identisch ist (Plachta 1997; 2006, S. 135). Karl Lachmann (1793–1851) formuliert in seiner Rezension zu Friedrich Heinrich von der Hagens Edition des *Nibelungenlieds* das »Gesetz« der älteren Textkritik: »Wir sollen und wollen aus einer hinreichenden Menge von guten Handschriften einen allen diesen zum Grunde liegenden Text darstellen, der entweder der ursprüngliche selbst seyn oder ihm doch sehr nahe kommen muss.« (Lachmann 1817; 1876; S. 82)

Wie lässt sich Ordnung in die Überlieferung bringen? Das philologische Stemma (lat. *stemma*, ›Stammbaum‹) greift auf genealogische Darstellungsweisen zurück. Die Entwicklung von Sprachen wird in einer *tabula genealogica*, die Überlieferung von Texten in einem *stemma codicum* dargestellt, als handle es sich um Abstammungsverhältnisse in einer Familie (Timpanaro 1963; 1971, S. 15-21). Kann die vormoderne Zoologie und Botanik auf solche philologischen Verfahren verweisen, so entleiht umgekehrt die Sprachwissenschaft August Schleichers (1821–1868) ihre Darstellungsformen aus der Evolutionsbiologie. Die stemmatische Textkritik bleibt nicht unkritisiert. Der Mediävist Joseph Bédier (1864–1938) fragt, wie die Belege aufgrund von Abweichungen gruppiert werden (1928; 1970, S. 2-11). Warum werden häufig zwei Überlieferungszweige rekonstruiert, lassen sich ebenso gut drei oder vier nachzeichnen? Bernard Cerquiglini (geb. 1947) spricht gar vom fröhlichen Exzess der mittelalterlichen Textvarianten, angesichts dessen die Vorstellung eines Originaltexts eine moderne, dogmatische Verengung darstellt. Ein vormodernes Textverständnis trägt zur Irritation einer selbstsicheren Philologie bei, die ein zu kurzes Gedächtnis hat: »La situation médiévale est exemplairement prémoderne. Elle désoriente par suite une philologie qui prend naissance en ce début du XIXe siècle où le texte conquiert la reproduction immuable et presque parfaite, une teneur attestée, une paternité légale.« (Cerquiglini 1989, S. 58)

Geht mit der Philologie die nietzscheanische Lust an der Selbstkritik durch? Projiziert sie ein postmodernes Literaturverständnis auf die mittelalterliche Dichtung? So einfach lässt sich das Anliegen der Textkritik nicht vom Tisch wischen. Sie beschäftigt sich mit Überlieferungsschäden, die aus Täuschungsabsicht, durch Unaufmerksamkeit oder durch falsches Erraten im Laufe von Jahrhunderten entstanden sind. »Beim Rathen kam man in den Zeiten der Barbarei auf abscheuliches Zeug«, stellt Friedrich August Wolf fest, »statt *ecce* schrieb man *CCCC*« (1798; 1831, S. 182). Hat ein mittelalterlicher Mönch, der einen klassischen Text kopiert, falsch gehört, das richtig Gehörte verkehrt umgesetzt? Hat schon der diktierende Mönch falsch gelesen? Gegen das mangelhafte Einzelzeugnis bietet die Kritik eine größtmögliche Menge abweichender Zeugnisse auf. Wolf bemerkt, dass es umso leichter sei, an das »wahre Factum« zu kommen, je mehr Überlieferungszeugnisse zur Verfügung stehen: »Die Zeugen müssen sich nicht untereinander verabredet haben« – je mehr Zeugen man also verhören könne, umso wahrscheinlicher sei, dass eine verlässliche, philologische Rekonstruktion von Texten gelinge (Wolf 1798; 1831, S. 181). Hilft der Vergleich nicht weiter, setzt die Philologie ihrerseits auf das Erraten der verschütteten Lösung, auf die Konjektur (von lat. *coniectura*, ›Vermutung‹). Wo Abschreiber aus bester Absicht eine Fügung unterstellen, die nicht in der Vorlage steht, aber ihrer Meinung nach dem Text erst zur Plausibilität verhilft, da raten Philologen, an welchen Stellen die Schreiber falsch geraten haben könnten – so entsteht ein Jahrhunderte überbrückendes Entzifferungskartell, das nicht bloß zur vertieften Beschäftigung mit überlieferten

Texten beigetragen, sondern auch erhebliche Forschungsfolge-
schäden verursacht hat (Bohnenkamp [u.a.] 2010, S. 13-33). Eine
Alternative zur Ratestrategie kann die Markierung der Ratlosig-
keit sein – ein Kreuz, eine »Krux« setzen Philologen, wenn sie
nicht weiter wissen, eine Stelle für vorerst unklärbar halten. Sie
versiegeln damit den Text nicht, verdecken nicht das Problem,
sondern geben der künftigen Forschung eine Aufgabe mit.

Die politische und religiöse Sprengkraft einer philologischen
Einsicht in den Überlieferungsprozess ist kaum zu unterschätzen. Kirchenkritik und Bibelkritik prägen seit der Frühen Neuzeit das philologische Vorgehen – so in Lorenzo Vallas Enttar-
nung der sogenannten Konstantinischen Schenkung (1440), ebenso in Baruch de Spinozas *Tractatus Theologico-Politicus* (1670; Pollock 2009, S. 937). Im 18. Jahrhundert verschärfen sich die Debatten zwischen orthodoxer Textverehrung und rationalisti-
scher Bibelkritik, wie sie von Hermann Samuel Reimarus (1694–
1768) und Johann Salomon Semler (1725–1791) betrieben wird.
Die Einsicht in die Historizität des Textes führt zur Ausprägung
präziser Werkzeuge, die Überlieferungsverständnis und Wahr-
heitsoffenbarung zu trennen erlauben.

Die kritische Rekonstruktion moderner Texte bekommt es
weniger mit Überlieferungsvarianten, stärker mit Entstehungs-
varianten zu tun. Hält das Urheberrecht publizierte Artefakte
des 20. Jahrhunderts weitgehend stabil, so bieten sich dem Philologen stattdessen die archivierten Materialberge dar, die der
Publikation vorausgehen. An die Stelle der eingreifenden Textkritik, der *critica emendatrix*, die restaurierend, vervollständigend,
bereinigend in den historischen Befund eingreift (Wolf 1798; 1831,
S. 179), tritt eine Editionsphilologie, die sich dem Entstehungs-
prozess von Texten, der Ausbreitung der materialen Befunde
widmet. Verwischt die Flüchtigkeit der digitalen Textproduktion
die Spuren des Entstehungsprozesses, macht die Geschwindig-

keit und Masse der produzierten und kopierten Daten die philologische Textkritik klassischer Prägung unmöglich? Längst haben die Neuphilologien sich des Problems angenommen, erste Lösungen entwickelt, wie man unter die Oberfläche von Texten vorstoßen kann, die in digitaler Form entstanden sind (Ries 2010, S. 149-152).

Die *Critique génétique* will kein Werk mehr fixieren, sondern konzentriert sich auf das, was dem Text vorausgeht, auf den »avant-texte« (Grésillon 1996, S. 16). Almuth Grésillon, langjährige Direktorin des Institut des Textes et Manuscrits modernes (ITEM) und Forscherin am Pariser CNRS, widmet sich seit 1975 den Fragen der Textentstehung – und verbindet die traditionelle Paläographie, d.h. die Lehre von alten Schriften, mit prozessualen Fragestellungen, die sich gegenüber der Ästhetik, den Kognitionswissenschaften und der Kreativitätsforschung öffnen. Die *Critique génétique* steht auf der Seite der Klassifikationen, der grammatischen Philologie, wenn sie ordnet, reiht, typisiert (Grésillon 1996, S. 16). Sie setzt nicht allein gegenüber der historisch-kritischen Editionsarbeit, sondern auch gegenüber der strukturalistischen Literaturtheorie eigene Akzente, indem sie das teleologische Werkdenken genauso verabschiedet wie eine strukturale Statik. Greift sie die poststrukturalistische Terminologie des Hypertexts und des Rhizoms, der dezentralen Wurzelstruktur auf (Grésillon 1996, S. 17), so bleibt sie in der Arbeit am einzelnen Archivbestand doch der Autorlogik, dem hermeneutischen Problem der Intentionalität verhaftet. So wechseln die Editionen, die sich von der *Critique génétique* inspirieren lassen, auf die Seite der Individualitätsphilologie. Autormanuskripte werden faksimiliert, Schreibszenen nachgestellt – zuerst mit kriminalistischem Spürsinn, rasch freilich mit familiärer Zuwendung. Ähneln die Editionen von Schreibheften, die sich streng auf die Wiedergabe des Manuskriptbefundes konzentrieren, nicht jenen liebevoll konservierten Wohnungen eines verstorbenen Familienmitglieds, in denen nichts angerührt werden darf? Steht am Ende nicht doch die monumentale Werkausgabe – nur in anderem, prozessbetonten Gewand (Lebrave 1992, S. 33)?

Berechtigte Einwände hat die *Critique génétique* in den vergangenen Jahrzehnten aufgenommen. Die Zeitschrift *Genesis* profiliert sich seit 1992 als Organ der textgenetischen Forschung. Ihr gelingt nicht allein der methodischenhistorische Brückenschlag zwischen französischen und deutschen Philologietraditionen, sondern die Integration jüngerer Theorieentwicklungen – die Anknüpfung an die vormoderne Phase, in der Philologie auf Poetiklehrstühlen vermittelt wurde, wie an das linguistische Performanzinteresse, an die materialitätsorientierte *New Philology* und an die Schreibmedienforschung (Schubert 2010). Philologisches Unterscheidungsvermögen ist verlangt, wenn globale Vergleiche zu voreiligen Ähnlichkeitsbefunden kommen: »Some manuscript traditions in India, for example, show no appreciable ›textual drift‹ whatever, whereas variation enters only with the rising of *printing*—so we may need different editorial strokes for different historical folks.« (Pollock 2009, S. 953)

Unterscheidungsvermögen verlangt auch der philologische Kritikbegriff selbst. Friedrich August Wolf beobachtet, dass dieser in England eine andere Wendung nimmt – und in den Bereich der ästhetischen Beobachtung und Bewertung fällt (Wolf 1798; 1831, S. 179). Was semantisch fernliegt, rückt praktisch in die Nähe: editorische Sorgfalt und intellektuelles Engagement.

4.3 Hermeneutik

August Boeckh sieht die eigentliche Aufgabe der Philologie im »*Erkennen* des vom menschlichen Geist *Producirten*, d.h. des Erkannten« (1809-1865; 1877, S. 10). Diese prägnante Formel hat selbst erhebliche hermeneutische Anstrengungen eingefordert – zusammengefasst bei Rodi (1990), zuletzt bei Horstmann (2010, S. 64-78). Erhebt die Philologie keinen eigenen Erkenntnisanspruch, besteht sie allein im Nachvollzug dessen, was ohnehin vorliegt? Reicht das vorwissenschaftliche Philologieverständnis, das vom pflegenden Umgang mit schriftlicher Tradition, von der Fähigkeit zur Rede über das Gesagte ausgeht, weiter als vermutet? Setzt sich die Philologie in ungünstigen Gegensatz zur Philosophie, indem die erste sich auf das Selberdenken, Selbersprechen, die zweite auf die Rekonstruktion des Gedachten, Gesagten verlegt?

Boeckhs Philologieverständnis beruht auf der Vormachtstellung, die er der Hermeneutik einräumt. Der Begriff *Hermeneutik* (von griech. *hermeneuein*, ›erklären‹, ›auslegen‹, ›übersetzen‹) erfasst das Verstehen und Interpretieren sprachlicher Zeugnisse. Erscheint das Verstehen als eine Alltagsleistung, so beruht die philologische Hermeneutik auf der Markierung von Verständnisschwierigkeiten. Mittelalterliche Theologen und Philologen sorgen für die Verfügbarkeit antiker Texte, indem sie unverständliche, ebenso erotische oder vulgäre Stellen einer allegorischen Deutung zuführen. Die Lehre vom mehrfachen Schriftsinn geht über die philologische Erschließung hinaus, wenn sie die Überlieferung für den Alltag verfügbar macht: Neben den wörtlichen und den übertragenen Sinn tritt der moralische Sinn, schließlich der auf die Endzeit gerichtete Offenbarungssinn. Was als theologischer Interpretationszwang vormodern anmuten mag, findet seine Fortsetzung in der hermeneutischen Obsession. Wer im Alltag hinter jeder Geste, jedem Wort einen doppelten Sinn vermutet, dem unterstellt man pathologisches Verhalten. Der Entzifferungswahn hat freilich, nicht allein in der frühneuzeitlichen Kommentarliteratur, eine kreative Komponente, wenn er die Konfrontation mit komplizierten Texten durch die Erzeugung noch komplizierterer Texte überbietet.

Gegen die kunstvolle Allegorese, die von Experten betrieben wird, wendet sich die reformatorische Bibelexegese, die davon ausgeht, dass jeder Christ in der Lage sein müsse, ohne vermittelnde Autoritäten die Schrift zu lesen und sich um ihr Verständnis zu bemühen. Das Prinzip *sola scriptura* wagt den Befreiungsschlag gegen die Überkommentierung, indem es ausschließlich auf den Bibeltext und dessen Literalsinn setzt. Auch die katholischen Bibelinterpretatoren bemerken freilich, dass die allegorische Dynamik einer Regulierung bedarf – wenn nicht durch den Laienverstand, dann durch die Lehrtradition. Muss die Geschichte der philologischen Hermeneutik darum als protestantische Fortschrittsgeschichte geschrieben werden? Ein zurückhaltenderes Urteil scheint angebracht, wenn man berücksichtigt, dass die protestantische Hermeneutik entsteht, nicht weil das Prinzip vom Literalsinn eine besonders elegante, sondern weil es eine besonders problematische Lösung liefert. Wenn der biblische Text wörtlich genommen werden soll, bescheren weite Passagen des Alten und Neuen Testaments erhebliche, praktische Schwierigkeiten. Umgekehrt scheint der Verweis der gegenreformatorischen Theologie auf die Lehrtradition das Problem nur historisch zu verschieben.

Die philologische Hermeneutik geht aus der theologischen und juristischen Auslegungspraxis hervor, emanzipiert sich freilich dort, wo sie weder Offenbarung erschließen oder eine Lehre verkünden, sondern den Verstehensprozess selbst reflektieren, d.h. die historische Distanz nicht aufheben, sondern ausmessen will. Die zirkuläre Bewegung, die Boeckh in der Formel von der Erkenntnis des Erkannten andeutet, zeigt sich dort, wo das Verständnis weniger, zerstreuter Zeugnisse in einer nicht mehr gesprochenen Sprache die Erschließung der Grammatik dieser Sprache voraussetzt. Erst recht tritt das Problem zutage, wenn das Verständnis eines Satzteils, eines Textteils vom Verständnis des ganzen Satzes, des ganzen Textes abhängt, umgekehrt ein schwieriger Satz, ein komplizierter Text nur aus seinen Teilen verstanden werden kann. Muss man immer schon etwas verstanden haben, um etwas verstehen zu können?

Die Hermeneutik gerät an ihre Grenzen, wo eine moderne Ästhetik sich gegen Auslegung sperrt. Die europäische Lyrik kündigt im Verlauf des 19. Jahrhunderts liedhafte Verständlichkeitstraditionen auf, sie will schwierig sein, sich dem raschen Gebrauch entziehen. »Ihre Dunkelheit«, so bemerkt Hugo Friedrich (1956, S. 10), »ist vorsätzlich« – und zitiert den italienischen Dichter Eugenio Montale (1896–1981): »Keiner schriebe Verse, wenn das Problem der Dichtung darin bestünde, sich verständlich zu machen« – »ma nessuno scriverebbe versi se il problema della poesia fosse quello di *farsi capire*«[20]. Dass gerade schwierige, literarische Texte den Anlass zur unentwegten, hermeneutischen Arbeit geben, bemerkt Peter Szondi in seinem Aufsatz *Über philologische Erkenntnis*. Er greift das Philologieverständnis Friedrich Schlegels auf, das sich im 19. Jahrhundert gegenüber der editorischen und lexikalischen Fachphilologie nicht durchsetzt, wenn es das Insistieren, nicht die Abschließbarkeit als entscheidendes Merkmal philologischer Prozesse ausweist. Es könne, so Szondi, nicht die Aufgabe sein, einem hermetischen Gedicht dessen »entschlüsseltes Bild« an die Seite zu stellen: »Denn obwohl auch das hermetische Gedicht verstanden werden kann, muß es doch in der Entschlüsselung als verschlüsseltes verstanden werden, weil es nur als solches das Gedicht ist, das es ist. Es ist ein Schloß, das immer wieder zuschnappt, die Erläuterung darf es nicht aufbrechen wollen. Indem aber für den Leser eines Kommentars das Wissen des Interpreten wieder zu Erkenntnis wird, gelingt auch ihm das Verständnis des hermetischen Ge-

dichts als eines hermetischen.« (Szondi 1962; 1978, Bd. 1, S. 266)
Szondi wendet Friedrich Schleiermachers Hermeneutik als »In-
strument der Kritik« gegen die existenzphilosophische Herme-
neutikauffassung Martin Heideggers (1889–1976) und Hans-Georg
Gadamers (1900–2002). Antifundamentalistisch stellt Szondi die
Frage nach den »Voraussetzungen und Bedingtheiten« philologischer Prozesse (Szondi 1970; 1978, Bd. 2, S. 130).

Gegen hermeneutische Ansätze wendet sich ein emphatischer
Gebrauch des Verbs ›lesen‹, hinter dem sich höchst unterschiedliche Verständnisse verbergen. Sie reichen von der Tradition der
Lesung und Lektion aus heiligen Schriften bis zum *close reading*,
von Nietzsches Verlangsamung der Textarbeit bis zum dekonstruktivistischen Schriftkult. Roland Barthes widmet Balzacs No-
velle *Sarrasine* ein ganzes Seminarjahr an der Pariser École pra-
tique des hautes études, zerlegt sie in minimale Einheiten, macht
auf kleinste Nuancen aufmerksam. Nach den ersten zwanzig Sit-
zungen ist er nicht einmal am Ende der Rahmenerzählung ange-
langt (Stingelin 2012, S. N3). Schon der in der DDR forschende
Anglist Robert Weimann (geb. 1928) stellt in seiner Studie ›*New
Criticism*‹ *und die Entwicklung bürgerlicher Literaturwissenschaft*
fest, dass komplexe literarische Texte und deren Ordnungsprin-
zipien »nicht allein durch *Lesen*, d.h. durch sprachlich-stilistische
Textanalysen« erschlossen werden können (1962; 1974, S. 98). Man
muss freilich den provokativen Gestus in Rechnung stellen, der
sich in der dekonstruktivistischen Literaturwissenschaft in Westeuropa und den USA mit dem Begriff *reading* verbindet: Lesen
wird als Widerstandsakt begriffen, als Lust am Widerständigen,
als Eroberung einer Freiheit, deren antiinstitutionellen Gestus
man im romantischen und postromantischen Kanon sucht (Salusinszky 1987, S. 215). Edward Said benennt den Einwand von
historischer Seite: »Therefore, runs this argument, one shouldn't
be taken in by reading, since to read too carefully is to be mis-

led by structures of power and authority.« (Said 2004, S. 60) Said hält dem entgegen, dass nur und gerade der genaue Blick die Grundlage für ein kritisches Traditionsverhältnis sei: »I find this logic (if it is logic) quite bizarre, and if it is supposed to lead us out of slavish attitudes toward authority in a liberating way then I have to say it is, alas, yet another silly chimera.« (Said 2004, S. 60)

Antihermeneutisch argumentieren auch philologische Ansätze, denen es um Präsenzerfahrung, um Objekthaftigkeit geht. Eine ereignisästhetisch orientierte, später materialästhetisch orientierte Philologie kündigte der Hermeneutik in der zweiten Hälfte des 20. Jahrhunderts grundsätzlich das Vertrauen. *Against Interpretation* schreibt die amerikanische Kritikerin Susan Sontag (1933–2004) – und erfasst damit den Überdruss an der hermeneutischen Vereinnahmung von Kunst und Literatur. Rächen sich akademische Deutungskartelle für die sinnliche Herausforderung, indem sie literarische Texte mit Auslegungsattacken überziehen? Lässt sich ein kultischer Zugang zur Dichtung zurückerobern – das rituelle Stadium des Sprachzaubers wieder erreichen? Gegen das Establishment des *New Criticism* richtet sich die Forderung, die Liebe im Philologiebegriff ernst zu nehmen – ein politisch provokantes *love-in*, noch bevor sich die studentischen Proteste erotischer Ausdrucksformen bedienen: »In place of a hermeneutics we need an erotics of art.« (Sontag 1964; 2001, S. 14)

Flieht die Philologie in den weitgespannten theoretischen Bögen genauso wie in der historischen Kleinteiligkeit vor dem ästhetischen Ereignis? Schleicht sich die gegenwärtige Kulturwissenschaft an der Sprachkunst vorbei, wie der Literaturwissenschaftler und Publizist Karl Heinz Bohrer (geb. 1932) feststellt? Sie tue nichts anderes als das, »was die geisteswissenschaftlich-historisch ausgerichtete Philologie immer schon getan hat: die Leugnung, nein die Nichtzuerkenntnisnahme der Literatur als eines

imaginativen und imaginären Prozesses des Denkens und stattdessen seine Integrierung in die Ordnung einer teleologisch-ge-
schichtstheoretischen Weltauffassung« (Bohrer 2007, S. 270).

Präsenz statt Hermeneutik – diese Position macht auch Hans
Ulrich Gumbrecht (geb. 1948) stark. Nicht zuletzt und einge-
standenermaßen aus »ödipalem Affekt« – gegen die Traditions-
last der philologischen Patristik in einem allgemeinen Sinn, gegen die politische Erblast der im NS-Staat erzogenen Generation
seines Lehrers Hans Robert Jauß (1921–1997) im Besonderen
(Gumbrecht 2010, S. 20-21). Führt die Dialektik zwangsläufig
zurück zur wahrheitsästhetischen Position der Großvätergenera-
tion, gegenüber der sich Jauß und seine Mitstreiter in der For-
schergruppe *Poetik und Hermeneutik* abgrenzen? Mit der These
von der Andersartigkeit, der Alterität der mittelalterlichen Literatur setzt sich Hans Robert Jauß von Kontinuitätserzählungen
ab (1977, S. 14-22), wie sie in Ernst Robert Curtius' Studie *Europäische Literatur und lateinisches Mittelalter* (1948) ihr letztes gro-
ßes Zeugnis gefunden haben (Kraume 2010). Wie Jauß scheint
auch Jerome McGann (geb. 1937) zu argumentieren, wenn er in
The Romantic Ideology feststellt: »This is why the past and its
works should be studied by a critical mind in the full range of
their pastness—in their differences and alienations (both contemporary and historical).« (McGann 1983, S. 2) Beatrice Marie
sieht in einer Besprechung in den *Modern Language Notes* bei
McGann die Bemühung am Werk, aus einem humanistisch ge-
wendeten Marxismus heraus eine »Jaussian totalization of the
past« zu vermeiden.[21]

Bildet die Diskontinuitätsannahme die Grundlage eines neu-
zeitlichen Zugangs zur Überlieferung – und damit den Aus-
gangspunkt für ein modernes Philologieverständnis? Diskonti-
nuität nicht allein im Sinn gebrochener Überlieferung, sondern
einer Überbrückungsbewegung, die der Interpret glaubt leisten

zu müssen? Neuere Ansätze aus dem Bereich der philologischen Interpretationstheorie haben den Kalten Krieg der politischen Ideologien hinter sich gelassen – und wenden sich stattdessen der argumentativen Differenzierung, der theoriegeschichtlichen Rekonstruktion intentionalistischer und antiintentionalistischer Positionen zu (Spoerhase 2007, S. 67). Gelten anwendungsbezogene Interpretationen in der modernen Philologie europäischer Prägung als kaum satisfaktionsfähig, so sorgt die Konfrontation mit außereuropäischen Praktiken der Übersetzung und Auslegung für produktive Irritationen.

5. Konjunkturen

Haben wir die Philologie je verlassen – so dass wir zu ihr zurückkehren können? Auf die Philologie richtet sich seit dem späten 18. Jahrhundert ein romantischer Blick, der das historisch Unwiederbringliche noch einmal einholen will. Dass die Romantikbegriffe der Differenzierung bedürfen, bemerkt bereits Arthur O. Lovejoy in seinem *PMLA*-Aufsatz »On the Discrimination of Romanticisms« (39, 1924, S. 229-253). Natürlich kann der Terminus nicht die Philologie auch nur des frühen 19. Jahrhunderts in ihren Einzelheiten erfassen, geschweige denn darf er dazu verleiten, die philologischen Differenzen zwischen ›Romantik‹ und ›Romanticism‹ zu verwischen. Ist die philologische Arbeit weit über die Romantikforschung hinaus durch das imprägniert, was Jerome J. McGann *The Romantic Ideology* genannt hat? »The ground thesis of this study is that scholarship and criticism of Romanticism and its works are dominated by a Romantic Ideology, by an uncritical absorption in Romanticism's own self-representations.« (McGann 1983, S. 1).

Wenn von der Romantisierung der Philologie die Rede ist, dann kann zweierlei gemeint sein: zum einen, historisch, die einseitige und regionale Herleitung des Philologieverständnisses aus den Gründungsszenen des späten 18. und frühen 19. Jahrhunderts; zum anderen, klassifikatorisch, wie die Definition im *Duden* zeigt, ein Zugang, der als »gefühlsbetont, schwärmerisch, die Wirklichkeit idealisierend« bezeichnet werden kann und sich auf eine »das Gemüt ansprechende, geheimnisvolle, gefühlvolle

Stimmung« richtet. Die Philologiegeschichte weiß, dass es zu kurz greift, aufklärerische Ansprüche gegen romantische Programme auszuspielen. So naiv ist aufklärerisches wie romantisches Denken historisch nie gewesen. Aufmerksamkeit ist hingegen gefragt, wenn die Frage nach den Praktiken, nach dem Werkzeug, den Händen und dem Material eine dekorative Bewunderungsphilologie erzeugt, die nicht mehr zur Erkundung aufbrechen, nicht mehr argumentieren will. Trägt die Alltagsgeschichte dazu bei, die philologische Arbeit zu rekontextualisieren, ihre Motive und Bedingungen, ihre Zwänge und Wünsche offenzulegen? Oder läuft eine philologische Lebensstilistik Gefahr, dem Fach die Aufmerksamkeit zu entziehen und sie seinen Helden zu schenken (König 2003, S. 9)?

5.1 Leitwissenschaft im 19. Jahrhundert

Die europäische Wissenschaftsgeschichtsschreibung ist von der Vorstellung geprägt, dass sich das moderne Wissenschaftssystem im 19. Jahrhundert ausdifferenziert – d.h. sich von gelehrten Verhaltensweisen verabschiedet, stattdessen standardisierte, institutionelle Formen entwickelt (Stichweh 1984, S. 63). Die Philologiegeschichte beansprucht, dass die junge Disziplin in diesem Prozess eine Leitposition eingenommen habe. Sheldon Pollock stellt fest, die Philologie der Mitte des 19. Jahrhunderts gelte als »one of the hardest sciences on offer, the centerpiece of education, the sharpest exponent if not the originator of the idea of ›critical‹ thinking, and the paradigm of other sciences such as evolutionary biology« (Pollock 2009, S. 1).

Prägend für das Wissenschafts- wie für das Bildungssystem ist die Einübung in die genaue Überprüfung, die sich nicht auf dogmatische Sätze verlässt; der kritisch vergleichende Umgang mit großen Mengen historischer Befunde; ebenso der hermeneutische Anspruch, der auf das Verständnis von Zusammenhängen, nicht bloß auf die Erklärung von Phänomenen zielt. Nicht zuletzt die Ausprägung arbeitsteilig organisierter Grundlagen- und Großunternehmungen im Bereich der Lexikographie, der Edition, des Kommentars. Philologische Langzeitunternehmungen wie das *Deutsche Wörterbuch* (DWb, 1854–1961; 1965–) oder das *Corpus Inscriptionum Latinarum* (CIL, 1853–) ragen bis ins 21. Jahrhundert hinein. Das CIL umfasst 17 Bände in etwa siebzig Teilen mit etwa 180 000 Inschriften sowie 13 Ergänzungsbände mit Tafeln und Registern – ein Fall von *Big Humanities* im wörtlichen Sinn. Schon durch die Größenordnung des bearbeiteten Materials und die vernetzte Organisationsstruktur nötigen die lexikographischen und textkritischen Projekte des 19. Jahrhunderts den benachbarten Fächern erheblichen Respekt ab (Spoerhase 2010, S. 9-12).

Generationen von Philologen haben an diesen Großunternehmungen gearbeitet – nüchtern, aufopferungsvoll, begeistert oder melancholisch. Erst 1961 legen die Akademie der Wissenschaften der DDR und die Arbeitsstelle in Göttingen den letzten Band des *Deutschen Wörterbuchs* vor: 320 000 Stichwörter in 32 Bänden (Schares 2006, S. 42). Überboten wird das *Deutsche Wörterbuch* vom *Oxford English Dictionary* (OED), dessen Erarbeitung die britische *Philological Society* 1858 beschließt. Zwischen 1884 und 1928 erscheinen die Ergebnisse, die Hunderte freiwilliger Mitarbeiter zusammengetragen haben – Millionen von Belegen zur englischen Sprache (Gneuss 1990, S. 49-50). Nicht wenige der Großunternehmungen scheitern als Fragmente – so Georg Pichts 1951 begonnene Verzettelung der platonischen Texte auf 600 000 Karteikarten (Flashar 2011, S. 99).

Etabliert sich die Philologie im frühen und mittleren 19. Jahrhundert als Leitwissenschaft, so bleibt sie von den Entwicklungen in den ebenfalls aufstrebenden explorativen und experimentellen Disziplinen keineswegs unberührt – von der Evolutionsbiologie (O'Hara 1996, S. 81-82), den Kognitionswissenschaften (Jannidis 2009, S. 45-62), der Ökonomie (Richter 2011, S. 235-238). Interessante Austauschverhältnisse ergeben sich. Noch verteidigt die Philologie ihre Leitposition in Deutschland wie in der internationalen Wirkung – nicht zuletzt, indem sie die Gründungsfiguren des frühen 19. Jahrhunderts heroisiert, ihr Leben und ihre Arbeitsweise philologisch zur Nachahmung aufbereitet. Eine wissenschaftshistorische Briefausgabe kündigt der Philologe und Bibliothekar Franz Pfeiffer (1815–1868) mit den Worten an: »Aus ihren Briefen treten sie uns, dem nachgebornen Geschlecht, menschlich näher, und es ist gut, daß wir Einblick gewinnen in die stille, aber rastlose Thätigkeit dieser großen Männer, die unsere Wissenschaft geschaffen haben und auf deren Schultern wir stehen.«[22]

Vorbildcharakter hat die Philologie nicht nur für die sprachhistorische Arbeit in England und die Gründung von Forschungsuniversitäten in den USA, sondern auch, wenngleich mit deutlichen Widerständen, für die *sciences humaines* in Frankreich: »Le développement de la philologie en Allemagne a rayonné sur tous les pays d'Europe. En France, il a suscité à la fois de l'admiration (il a contribué à fonder l'image de la ›science allemande‹) et des résistances.« (Werner 1990, S. 20)

Erreicht die Philologie deutscher Prägung in Frankreich zu keinem Zeitpunkt den Status einer Leitwissenschaft, so spielt sie doch eine beachtliche Rolle bei der Konstituierung der literarischen und linguitischen Disziplinen, ebenso in der Ethnologie und in den historischen Fächern. Renegaten innerhalb des Fachs wie Friedrich Nietzsche (1844–1900) hingegen rufen bereits das Ende der philologischen Ära aus. Verdrängt der Siegeszug der Laborwissenschaften die Philologie aus ihrer wissenschaftlichen Leitposition, so scheint der Methodenzweifel innerhalb der philologischen Fächer ihr Schicksal zu besiegeln.

Eine deutsche Vorstellung vom Aufstieg und Fall einer Leitwissenschaft, von der institutionellen Ausdifferenzierung am Beginn und der fundamentalen Erschütterung am Ende des 19. Jahrhunderts erweist sich freilich aus globaler Perspektive als provinziell. Aus der Langzeitperspektive lässt sich ein Mangel an historischer Tiefenschärfe erkennen. Schon für die westeuropäischen Philologien ließen sich ganz andere Geschichten erzählen – solche, die in der Spätantike beginnen oder im Frühhumanismus. Eine der interessantesten Alternativgeschichten setzt im frühen 18. Jahrhundert ein – mit Giambattista Vicos *Scienza nuova* (1725), die sich gegen die mathematisch-naturwissenschaftlich geprägte Erkenntnistheorie wendet, wie René Descartes sie im *Discours de la méthode pour bien conduire sa raison et chercher la vérité dans les sciences* (1637) entwickelt. Vico hält dem das besondere Erkenntnisverhältnis entgegen, das der Mensch gegenüber allem unterhält, was er selbst geschaffen hat. Werte Descartes das Studium der Sprachen und Literaturen zugunsten der Mathematik, Physik und Metaphysik ab, so entgehe ihm, dass grundlegende Erkenntnis nicht durch plötzliche Eingebung, sondern nur durch kontinuierliches Studium der sprachlichen und kulturellen Voraussetzungen menschlichen Denkens und Handelns gewonnen werden könne. Philologie und Philosophie ergänzen und korrigieren einander, indem das scheinbar unwandelbare Vernunftargument in seiner Sprachlichkeit und Geschichtlichkeit erfasst wird, umgekehrt die Philologie sich vor dem Absturz in die unkontrollierte Detailanhäufung bewahrt, indem sie nach Prinzipien fragt (Vico 1725; 1744; 1990, § 140 [S. 92]). Geht die Geschichte der Philologie als Leitwissenschaft nicht von den Fachgründern des 19. Jahrhunderts, sondern von Vicos Prinzipiendenken aus, dann zeichnet sich ein ganz anderes Bild ab. Die

Begründung der methodischen Eigenständigkeit der Geisteswissenschaften, die Wilhelm Dilthey 1883 in der *Einleitung in die Geisteswissenschaften. Versuch einer Grundlegung für das Studium der Gesellschaft und der Geschichte* unternimmt, steht damit auf philologischem Fundament. Die Philologie profiliert sich als historische Grundlagenwissenschaft, die beansprucht, was August Boeckh ein Jahrhundert später das »Erkennen des vom menschlichen Geist Producirten, d.h. des Erkannten« (1809–1865; 1877, S. 10) nennen wird – und was die Kulturwissenschaften seit dem späten 19. Jahrhundert erneut erobern (Bremer/Wirth 2010, S. 49-50).

5.2 Philologiekritik

»Sehen lernten wir nicht, wir lernten nicht lesen in dem großen Buche der Natur. Die Berge und die Wasser, Pflanzen und Tiere, und die Sterne am Himmel blieben uns fremd, fremd blieb auch die Menschenerde. Geographie war ganz vernachlässigt; ich glaube, daß Reisebeschreibungen gar nicht gelesen wurden. Fremd blieb alle Kunst außer der des Wortes.« So schreibt der Gräzist Ulrich von Wilamowitz-Moellendorff (1848–1931) im kritischen Rückblick über die philologische Ausbildung, die er am Elitegymnasium Schulpforta erhalten hat (1928, S. 74). Was hat Priorität: das Wort oder die Sache, das Weltbuch oder die Buchwelt?

Die Philologie, in Deutschland unangefochtene Leitwissenschaft, gerät in der zweiten Hälfte des 19. Jahrhunderts ins Wanken. Sie äußert ihr Unbehagen an einer Wörterbuchgelehrsamkeit, die nicht zum historischen Problem, zum ästhetischen Erlebnis vordringt (Most 1994, S. 13). Friedrich Nietzsche, ebenfalls in Schulpforta, dann an den Universitäten Bonn und Leipzig philologisch ausgebildet und 1869 als hochbegabter Nachwuchsprofessor nach Basel berufen, wendet sich 1872 gezielt von der philologischen Quellenforschung ab – und provoziert die Öffentlichkeit mit der Schrift über *Die Geburt der Tragödie aus dem Geiste der Musik.* Scharf polemisiert damals der junge Wilamowitz-Moellendorff gegen den Ausbruch aus der Disziplin – und kassiert für seine Streitschrift *Zukunftsphilologie!* die Replik des Nietzsche-Freundes Erwin Rohde, die unter dem Titel *Afterphilologie* erscheint (Porter 2000, S. 16-17).

Beide Positionen haben bis heute ihre Kritiker wie ihre Verteidiger gefunden. Philologische Intellektualität beruft sich auf Nietzsche, der die provokative Außenposition einer betriebskonformen Innenposition vorzieht (Schlaffer 1990; 2005, S. 233). Aber hat nicht auch Wilamowitz auf seine Weise recht, wenn er die Disziplin verteidigt? *Zukunftsphilologie!* – ein Oxymoron, das die Verletzung des philologischen Rekonstruktionsethos erfasst? »Der Hochmut des Kulturphilosophen, den Nietzsches Abhandlung an den Tag gelegt hatte, markiert eine Position, die mit den Zielen der Philologie nicht versöhnbar war. Hier sprach der Priester als Hierophant, als Begeisterter, dessen Denken nicht der Rekonstruktion des Logos dienen, sondern selbst prophetisch sein möchte.« (Alt 2007, S. 20)

Die Konflikte des späten 19. Jahrhunderts finden an einer Demarkationslinie statt, die sich im behandelten Material selbst abzeichnet. Seneca warnt vor der Philologie, die bloß auf die Diskussion vorhandenen Wissens ausgerichtet sei, der es hingegen an philosophischer Dignität fehle. Wie steht die Philologie zu ihren politischen Umwelten, zu moralischen Fragen? In der Philologie, so Seneca, erfahre man nichts über das richtige Leben und Handeln (Horstmann 1989, Sp. 553). Die Philologie des 19. Jahrhunderts hält dem entgegen, dass ohne philologische Grundlage jegliche Form von Theologie und Rechtsprechung, von Erkenntnistheorie und Moralphilosophie auf historisch zweifelhaftem Boden stehen – sind sie doch ausnahmslos auf die Sprache, auf geschichtliche Begriffe, überlieferte Texte angewiesen.

Nietzsche belässt es freilich nicht bei der Provokation. In der zweiten *Unzeitgemäßen Betrachtung*, die 1874 unter dem Titel *Vom Nutzen und Nachtheil der Historie für das Leben* erscheint, wendet er sich gegen den oberflächlichen Bildungsdünkel wie gegen den methodischen Anspruch der historischen Fächer. Der »antiquarischen Historie«, die kleinteiligen Dienst am Unbrauchbaren verrichte, misstraut er genauso wie der »kritischen Historie«, die den Unterlegenen die Möglichkeit gebe, die Überlieferung der Sieger zu revidieren. Aber auch die »monumentalische Historie«, die Leitbilder produziere, genügt Nietzsche nicht – vielmehr geht es ihm darum, das philologische und philosophische Denken aus dem historischen Korsett zu lösen. Unfreiwillig steht Nietzsche mit diesem Argument freilich selbst in einer Genealogie der Philologiekritik: Der Kunsthistoriker Sulpiz Boisserée (1783–1854) bezieht sich auf eine Rezension von August Wilhelm Schlegel (1767–1845), wenn er über die Brüder Grimm schreibt: »Schlegel lobt an ihnen, was zu loben ist, aber das nichtige, kleinliche sinnbildeln und wortdeuteln, ihre ganze Andacht zum Unbedeutenden, verspottet er mit grimmigem Witz.«[23]

In der Vorrede zu den *Altdeutschen Wäldern* hatten sich Jacob und Wilhelm Grimm gegen eine Textkritik gewandt, die sich auf die prominentesten Überlieferungsteile konzentriert und den Rest als bloße »Seltenheit« abtun will. Die Frage des Lebensbezugs ist ihnen keineswegs unvertraut – freilich gehen sie in romantischer Überzeugung davon aus, dass nicht das Leben die Philologie, sondern die Philologie das Leben aktivieren müsse: »Wer diese Beziehung auf das Leben leugnen wollte, der nähme die Belehrung der Geschichte hinweg und setzte diese alten Gedichte wie eine unzugängliche Insel aufs Meer, wo die Sonne

umsonst ihr Licht ausbreitete und die Vögel ungehört sängen.«
(Grimm 1813, S. III)

Im späten 20. und frühen 21. Jahrhundert erscheint der Konflikt zwischen Philologie und Leben, Buchwelt und Weltbuch selbst nur noch historisch interessant. An die Stelle einer Philologiekritik als Gelehrsamkeitskritik ist eine Philologiekritik als Wissenschaftskritik getreten. Die Philologie arbeitet unausgesetzt mit sprachlichen Phänomenen – aber hat sie sich gefragt, inwieweit man mit sprachlichen Mitteln sprachliche Gegenstände behandeln kann? Ist sie nicht selbst verfangen in dem Netz, das sie zu entwirren versucht?

Der Komparatist René Wellek (1903–1995), der aus Prag in die USA emigriert, legt zusammen mit seinem Fakultätskollegen Austin Warren (1899–1986) den Grundstein für eine moderne Auffassung von Literaturtheorie. Die *Theory of Literature* (1942; 1949), die zuerst nach Funktion und Konstitution der Literatur, nicht nach Textkritik und Hermeneutik fragt, tritt ihren Siegeszug durch die literaturwissenschaftlichen Seminare an. Zeichentheoretische Entwicklungen aus Osteuropa und aus Frankreich, die sich weder der traditionellen, historischen Grammatik noch der szientifischen Sprachwissenschaft des 20. Jahrhunderts unterordnen wollen, werden in den USA unter dem Label *French Theory* wahrgenommen – und finden, als Poststrukturalismus oder Dekonstruktion etikettiert, globale Verbreitung (Tihanov 2004, S. 61). In der Tradition Nietzsches stehen Positionen wie diejenige Jacques Derridas (1930–2004), die sich nicht bloß gegen die traditionelle Hermeneutik, sondern auch gegen die strukturalistische Zeichentheorie sperren. Die Wirkung, die Derrida seit dem Strukturalistenkongress in Baltimore 1966 in den Literaturwissenschaften erzielt, ist weit größer als in seinem eigenen Fach, der Philosophie. Derrida radikalisiert das philologische Interesse an der Schrift, am Buchstaben – und betreibt die subtile

Zerlegung scheinbar festgefügter Bedeutungsordnungen. Michel Foucault (1926–1984) bezieht sich auf Nietzsches *Genealogie der Moral*, wenn er gegen das romantische Ursprungsdenken das Herkunftsdenken in Stellung bringt: Wer den Zugriff auf einen Ursprung behaupten kann, besitzt Verfügungsgewalt. Wer aber weiß, woher etwas kommt, der nimmt der historischen Instanz ihre Macht (1971; 1994, S. 1004-1009). Der Medientheoretiker Friedrich Kittler (1943–2011), philologisch geschult und 1976 in Freiburg mit einer Arbeit über Conrad Ferdinand Meyer promoviert, fordert die *Austreibung des Geistes aus den Geisteswissenschaften* (1980) – und wendet sich Techniken der Datenverarbeitung zu, experimentiert mit Audioelektronik und Programmiersprachen.

Die subversive Geste, die von der philologischen Unterscheidungsübung zur Auflösung des Gegenstandes in dynamische Differenzen führt, fasziniert die Philologien, die sich in ihrer disziplinären Verfassung unbehaglich fühlen. Sie ruft aber auch innerfachliche wie außerfachliche Kritiker auf den Plan. Wo bleibt das Argument, die wissenschaftliche Überprüfbarkeit? Der amerikanische Physiker Alan Sokal veröffentlicht in der Zeitschrift *Social Text* einen Aufsatz unter dem Titel »Transgressing the Boundaries: Towards a Transformative Hermeneutics of Quantum Gravity« – und bekennt sich anschließend zu dem parodistischen Experiment. In der Streitschrift *Fashionable Nonsense: Postmodern Intellectuals' Abuse of Science* (1998) polemisiert Sokal zusammen mit dem belgischen Physiker Jean Bricmont gegen Mängel in den wissenschaftlichen Standards, gegen Metaphernmissbrauch in den poststrukturalistisch inspirierten *Humanities*. Ein Offenbarungseid der Theorie – zugunsten philologischer Solidität? Oder einfältiges Ressentiment gegen die Entfaltung sprachlicher Komplexität?

Ein emphatisch verwendeter Theoriebegriff führt dazu, dass konventionelle Philologie gegen hybride Theorie ausgespielt werden kann – als sei philologische Arbeit ohne theoretische Vorüberlegungen möglich und umgekehrt Theoriebildung ohne Referenz auf ein konkretes sprachliches Korpus. Seit 1982 häufen sich verärgerte Publikationen »against theory«, »after theory« (Ryan 2012, S. 14-20). Der Zusammenbruch der internationalen Finanzmärkte 2008 wird für Mentalitätshistoriker zum Denkbild auch für das Scheitern philosophischer und philologischer Hybridprodukte und Derivate – einmal mehr eine gewagte Metapher (*New Yorker*, 10. November 2008, S. 80). Hans Ulrich Gumbrecht reaktiviert zusammen mit Henning Ritter den phänomenologischen Ordnungsruf »Zu den Sachen!«, den Hans Blumenberg zum humanistischen Ordnungsruf »Zu den Quellen!« in Beziehung gesetzt hat (*FAZ*, 14. Oktober 2009, S. N3). Gibt es eine philologische Zeit nach der Theorie im emphatischen Sinn? Könnte es sein, dass sich der Wettbewerb zwischen selbstbewusster Theoriebildung und unterschätzter Philologie als ein Rennen zwischen Hase und Igel erweist, bei dem der Igel unvermutet sagt: »Ich bin schon da« (Wegmann 2012, S. 3)?

5.3 Kulturwissenschaftliche Wiederentdeckung

Die Konkurrenz von Theorieentwicklung und philologischer Arbeit am Gegenstand ist damit noch nicht aufgelöst. Philologen, die den Theoretikern unorthodoxen »nonsense« vorwerfen, sind damit nicht selbst schon »fashionable«: »What the theorists say about us, ›all dressed up and nowhere to go,‹ hits a lot harder than what we say about them: ›lots of dates and nothing to wear.‹« (Pollock 2009, S. 947) Nach der Rückkehr zur Philologie fragt ein Literaturtheoretiker, bevor sich eine breite Front gegen die virtuose Selbstbezüglichkeit der poststrukturalistischen Theoriebildung aufstellt: Paul de Man (1919–1983) in seinem Beitrag *The*

Return to Philology, der 1982 im *Times Literary Supplement* erscheint. Freilich versteht de Man »philology«, ausgehend von der englischen Verwendung, sprachbezogen. Angesichts einer Diabolisierung der dekonstruktivistischen *French Theory* durch konservative Literaturhistoriker zieht er die Grenzen anders. Die Konfliktlinie verlaufe, so de Man, nicht zwischen hybrider Theorieproduktion und solider Textsicherung, sondern zwischen ästhetisch-historischen Ansprüchen und sprachlichen Strukturen, die ihnen widerstehen. Das reine Lesen müsse denjenigen subversiv vorkommen, die Literaturunterricht mit Ethik oder Ideengeschichte verwechseln. So kann die Wende zur Literaturtheorie als philologischer Schachzug erscheinen: »In practice, the turn to theory occurred as a return to philology, to an examiniation of the structure of language prior to the meaning it produces.« (de Man 1982; 1986, S. 24).

Philologische Kernbegriffe beansprucht de Man, wenn er von Kritik spricht, damit freilich nicht Textkritik meint, sondern das Misstrauen gegen vereinfachende Auslegungsmuster. Eine Rückkehr zur Philologie, proklamiert ausgerechnet von einem Vertreter der Theorieavantgarden? »At the time, this idea of a return to philology seemed a joke. Philologists, after all, were the enemy, the ones who sneered not just at theory but even at interpretation and who wanted students to abandon such matters for required courses in Anglo-Saxon and Old French.« (Culler 2002, S. 14)

De Man sucht den Anschluss zu Sprachtheoretikern wie Ferdinand de Saussure, zu philologischen Renegaten wie Friedrich Nietzsche – seinem Philologieverständnis fehlt freilich die historische Achse, der Sinn für Komplikationen im Umgang mit sprachlichen Zeugnissen vor und jenseits einer literarischen Moderne, die sich aus der Sprachkrise konstituiert. Entsprechend scharf fällt die Kritik an de Man aus – in besonderer Weise aus den philologischen Teilbereichen, die mit vormodernen und globalen Zusammenhängen zu tun haben: »Philology here has become a shriveled, wrinkled thing unrecognizable to anyone who considers himself a philologist; it is ›mere reading ... prior to any theory,‹ attention to ›how meaning is conveyed‹ rather than to ›the meaning itself.‹ A return to—in fact, the invention of—de Man's ›philology‹ was a turn to a theory of textual autonomy, the text as dissevered from its aesthetic and moral dimension.« (Pollock 2009, S. 947)

Wenn Edward Said (2004, S. 66-67) seinerseits den »return to philology« fordert, dann argumentiert er auf den ersten Blick grundsätzlich gegenläufig. Geht es de Man um die Infragestellung des europäischen Humanismus und um ein neuartiges Sensorium für die Binnenstruktur von Texten, so bekräftigt Said das aufklärerische und demokratische Potential der humanistischen Philologie. Kritik handelt er sich ein, weil sein eigener Kanon sich, aller Orientalismuspolemik zum Trotz, als gründlich okzidental erweist: »Acknowledging his personal language limitations, he exercised this philology on few non-English and no non-Western texts (those in Arabic, for example) but stuck largely to Austen, Conrad, Kipling, and others in the modern English canon.« (Pollock 2009, S. 959-960)

Ein tatsächlicher »return to philology« vollzieht sich nicht in der dekonstruktiven Literaturwissenschaft, sondern in den Kulturwissenschaften, die sich philologischen Praktiken mit befremdetem Interesse zuwenden. Der oft beschworene Konflikt zwischen Kulturwissenschaften, die sich neugierig und vorlaut allem zuwenden, was von Menschen gemacht ist, und einer Philologie, die sich verbittert auf einen streng gefassten Kernbereich von Grammatik, Kritik und Hermeneutik zurückzieht, ist insofern eher wissenschaftspolitisch als methodisch fundiert. Wer so trennt, macht die Philologie greiser und die Kulturwissenschaft jünger, als sie jeweils sind (Grenzmann 1987). Er verkennt, dass die Kulturwissenschaft nicht erst in der Spätmoderne in den Elfenbeinturm der Philologie eindringt und ihn von innen zu sprengen versucht, sondern dass sie schon bei Vico (1725; 1744), schon bei August Boeckh (1809–1865; 1877) als komplementärer Bestandteil der Wortphilologie gilt. Auf der Ebene der Wissenschaftsforschung können beide einander thematisch machen – die Philologie, indem sie ihre Sprach- und Textkompetenz auch auf kulturwissenschaftliche Begriffe und Texte anwenden kann, und die Kulturwissenschaft, indem sie unter religions-, wissens- und bildungsgeschichtlichen Tätigkeiten auch philologische Praktiken erfasst.

Ein argumentativer Coup gelingt Hans Ulrich Gumbrecht (geb. 1948), wenn er nicht in erster Linie nach Erkenntnis und Interesse der Philologie, sondern nach ihrer Begehrensstruktur fragt. Die von intellektuellen Literaturtheoretikern und szientifischen Sprachwissenschaftlern spöttisch belächelte Philologie gewinnt an Attraktivität, wenn es nicht mehr um historische Grammatik oder editorische Apparate, sondern um Macht und Haptik, um Lust und Präsenz, um Performanz und Wunscherfüllung geht: »Ich habe den Eindruck, daß alle philologischen Tätigkeiten in jeweils unterschiedlicher Weise Wünsche nach Präsenz erzeugen, Wünsche nach einer physischen und räumlich vermittelten Beziehung zu den Dingen der Welt (zu denen auch Texte gehören) – und daß dieser Wunsch nach Präsenz in der Tat die Grundlage ist, auf der die Philologie Wirkungen der Greifbarkeit (und manchmal sogar die Realität von etwas Greifbarem) hervorrufen kann.« (Gumbrecht 2002; 2003, S. 17) Präsenzeffekte, Vergegenwärtigungswünsche denkt Gumbrecht keineswegs, wie ihm zuweilen vorgeworfen wird, unhistorisch. Wenn er vom philologischen »Historisieren von Dingen« (S. 88) spricht, kehrt er freilich die historistische Formel seines Lehrers Hans

Robert Jauß (1977, S. 14-22) von der Andersartigkeit der Überlieferung um. Er denkt aus der Evidenzsituation des Hörsaals und
des Museums heraus, wenn er eine charismatische, körperliche
Philologie entwirft: »Historisierung bedeutet Umwandlung von
Gegenständen der Vergangenheit in sakrale Objekte, also in Dinge, die Distanz herstellen und zugleich den Wunsch nach Berührung auslösen.« (Gumbrecht 2002; 2003, S. 18)

Gumbrechts Präsenzphilologie ist nicht unwidersprochen ge-
blieben. Christoph König kritisierte eine »Präsenz ohne Text«
(2003, S. 5), eine Philologie ohne disziplinären Kern – vor allem
eine unkonfliktuöse, enthistorisierte Weltfrömmigkeit: »Solche
Philologie ohne Text, die die Lust will, kennt keinen Streit und
läßt sich von bestimmten Momenten der Wissenschaftsgeschichte bestenfalls anregen, denn die Geschichte des Fachs ist ihr so
undramatisch wie die früheren Leistungen bedeutungslos.« (König 2003, S. 7) Thomas Steinfeld kritisiert, Gumbrecht verfehle
mit seiner ästhetischen Erlebnisphilologie die »praktischen Fer-
tigkeiten«, die den philologischen Alltag bestimmen (2004, S. 30-
31) – und setzt Gumbrecht einen eigenen Vorschlag entgegen, der
nicht von Heideggers Kunstwerkaufsatz, sondern eher von Ador-
nos Musiksoziologie und Roland Barthes' *Mythologies* her gedacht ist (2004, S. 74-75). In seinem lebensweltlichen Interesse
trifft sich Steinfeld mit Gumbrecht – freilich ist seine Philologie,
die vom »Unglück der Vollständigkeit« (2004, S. 129) weiß, nicht
in festlichem Dur, sondern in skeptischem Moll gehalten – oder
besser in der Stimmung des Blues. Auch Peter-André Alt be-
zweifelt, ob der Präsenzeffekt das philologische Handeln hinrei-
chend beschreibt. Weder die vorkritische Philologie der Pries-
terkasten, in der die Zeit stillzustehen scheint, noch die kritische Philologie, die auf der zeitlichen Distanz insistiert, könne
den Präsenzwunsch erfüllen: »Die von Gumbrecht beschworene
›Sehnsucht nach Präsenz‹ bildet vor diesem Hintergrund eine

heikle Formel, die das Geschäft der Philologie wohlwollend, aber ungenau beschreibt. Die Präsenz, die die Philologie schafft, ist zunächst nur die materielle – und das heißt: über Form erzeugte Gegenwart des in der Edition bereitgestellten Textes.« (Alt 2007, S. 13)

Unterdessen hat sich in den Kulturwissenschaften die Erkenntnis durchgesetzt, dass sie es, wenn schon mit einem Gegner, dann nicht mit der Philologie, sondern mit einem spezifischen, anti-kulturwissenschaftlichen Philologieverständnis zu tun haben. Das »Gespenst der Re-Philologisierung« kann deshalb, schaut man wissenschaftshistorisch genauer hin, kaum schrecken.[24]

5.4 New Philology

Bei der distanzierten Beobachtung, der Ethnologisierung und Musealisierung einer fremd gewordenen Philologie bleibt es freilich nicht. Aus der Mediävistik kommen Ende der 1980er Jahre wesentliche Anstöße, die die traditionelle Textkritik Karl Lachmanns ebenso infrage stellen wie deren Zurücknahme durch Literaturtheoretiker des 20. Jahrhunderts (Cerquiglini 1989, S. 57-58). Unter dem Begriff der *New Philology* formiert sich zunächst in den USA, dann auch in Westeuropa eine Bewegung, die mit neuem Selbstbewusstsein für die philologischen Kernkompetenzen wirbt (Tervooren/Wenzel 1997, S. 1-9). Ihr Reiz besteht darin, dass sie nicht wie die traditionsverhaftete Editionsphilologie auf die Ablehnung jüngerer Literatur- und Kulturtheorie setzt, sondern auf deren Integration – zugunsten eines reflektiert erneuerten Verständnisses von der philologischen Tätigkeit.

Der Begriff *New Philology* geht auf den Titel des gleichnamigen Sonderhefts der Zeitschrift *Speculum* (65, 1990) zurück – und nimmt ein terminologisches Muster auf, das sich im Fall des *New*

Criticism und des *New Historicism* als durchsetzungsfähig erwiesen hat. Stephen G. Nichols (geb. 1936), an der Johns Hopkins University lehrender Spezialist für die französische Literatur des Mittelalters, tritt als Protagonist der kritischen Bestandsaufnahme und Neuaufstellung hervor. Dankbar greift die *New Philology* die poststrukturalistische Verabschiedung von Autor und Werk auf – und liefert ein buchstäblich handfestes Gegenangebot zur spekulativen Literaturtheorie. Anders als die Schreibprozessforschung der *Critique génétique* geht es der *New Philology* um die körperliche Konfrontation mit dem überlieferten Schriftgut. Die mediävistische Prägung, die Relevanz der kodikologischen Hilfswissenschaften, verleugnet sie nicht. Nichols spricht deshalb später lieber von Material Philology: »In the wake of the New Philology issue of *Speculum* (January 1990), colloquia and a variety of publications have staked out new dimensions for material philology–which I use in preference to the term ›new‹ philology. Material philology takes as its point of departure the premise that one should study or theorize medieval literature by reinserting it directly into the vif of its historical context by privileging the material artifact(s) that convey this literature to us: the manuscript.« (Nichols 1997, S. 10-11)

In Deutschland wird die *New Philology* anfänglich mit Misstrauen beobachtet – man wendet ein, dass sie nicht so neu sei, wie sie behaupte, und auf kanonische Positionen des 19. Jahrhunderts angewiesen bleibe. Die Editionsphilologie, die praktische Lösungen sucht, sieht keine revolutionär veränderte Gebrauchsanweisung – und verweist auf die beschränkte Relevanz in der Textarbeit. Berücsichtigen muss man freilich die politische Dimension aus US-amerikanischer Perspektive – zielt die *New Philology* doch nicht auf methodische Revolutionierung, sondern auf die Überwindung der Nationalphilologien und auf die strategische Öffnung der Mediävistik gegenüber den neueren Literatur-, Kunst- und Musikwissenschaften, insbesondere gegenüber der zeitgenössischen Literaturtheorie (Bennewitz 1997, S. 46-51). Die Strategie ist insofern gelungen, als Philologen in den neueren Abteilungen den Vorschlag dankbar aufgreifen – und in der Verbindung von mediävistischer Kodikologie (von lat. *codex*, ›Handschriftenkunde‹) und moderner Präsenztheorie ein philologisches Zukunftsprogramm erkennen (Gumbrecht 1997, S. 40-45). Die Verbindung eines poststrukturalistischen Textbegriffs mit philologischer Praxis an historischen Texten ermöglicht Experimente, die unter dem Begriff der *radical philology* (Gurd 2005) laufen und die Rekonstruktion instabiler Textverhältnisse in den Vordergrund rücken.

Verkennt die materialitätsbegeisterte Philologie die Sprachlichkeit und Schriftlichkeit des Materials, die Notwendigkeit kritischer und hermeneutischer Prozesse (König 2003, S. 7)? Sheldon Pollock greift in einem Aufsatz, der international lebhafte Beachtung fand, den Titel des 1872 publizierten Pamphlets auf, in dem Wilamowitz-Moellendorff Nietzsches Zertrümmerung der philologischen Tradition scharf kritisiert. An die Stelle von *Zukunftsphilologie!* mit einem Rufzeichen setzt Pollock die Prägung *Future Philology?*, versehen mit einem Fragezeichen (2009, S. 931). Gegen die sozialwissenschaftlichen *Area Studies* setzt Pollock eine globale Philologie mit langem Gedächtnis, die mediterrane, indische und chinesische Entwicklungen unhierarchisiert betrachtet. Die am Indian Institute of Technology, Delhi, forschende Literaturwissenschaftlerin Rukmini Bhaya Nair (2012) wendet ein, Pollocks Position sei im Kern kulturpessimistisch und verkläre einen philologischen Globalkanon. Muss die Philologie ihr kritisches Potential nicht gerade aus der Durchbrechung der Klassizität gewinnen – der elitären Fügung, aufgrund derer die britische Kolonialverwaltung das komplexe indische Kastensystem im 19. Jahrhunder rassenpolitisch umdeuten konnte?

6. Habitus

Setzt sich die Philologie die Aufgabe, sprachliche Strukturen zu differenzieren und unzugängliche Texte zugänglich zu machen, so entwickelt sie ihr Standesbewusstsein aus dem Expertenmonopol. Schon vormoderne Satiren erfassen spöttisch die schulmeisterliche Pedanterie, zugleich den Exklusionsgestus, der zum philologischen Erschließungsanspruch nicht passen will (Košenina 2003; 2004). Je stärker Schreib- und Lesekompetenz als Bildungsstandard vorausgesetzt werden können, desto nachdrücklicher verteidigt die Philologie ein Terrain, auf dem es nicht genügt, die im eigenen Umfeld gebräuchliche Sprache mündlich und schriftlich zu beherrschen, solche Kenntnisse zur Lektüre von Lieblingsautoren einzusetzen und Auskunft über deren Werke geben zu können. Beruht jedes Handwerk, jede wissenschaftliche Spezialisierung auf der Anreicherung von Prozesserfahrung, so tendiert die Philologie stärker als experimentale Wissenschaften zur Vergreisung – schlicht, weil es keine zeitökonomische Abkürzung zur Belesenheit zu geben scheint. Erst die Einsicht, dass schon die in einer einzelnen Forschungsbibliothek verfügbare Überlieferung rechnerisch das Lesepensum konzentrierter Philologen auch bei großzügiger Lebenserwartung sprengt, ermöglicht einen erfrischten Blick auf überholte philologische Ansprüche. »What Do You Do With a Million Books?«, fragt der Altphilologe und Digitalisierungsspezialist Gregory Crane suggestiv – weil er weiß, dass Lesen im traditionellen Sinn nicht die Antwort sein kann: »Intelligent digital libraries can allow a greater number of users to make more effective use of a wider range of their holdings than was ever feasible in print. Traditional finding aids were much more limited in their ability to increase intellectual access.« (Crane 2006, S. 2)

Die Beharrungsmacht des Habitus darf gleichwohl nicht unterschätzt werden – auch wenn es sich um ein schwer zu fassendes, ein weiches Kriterium handelt. Die Wissenschafts- und Bildungssoziologie versteht unter *Habitus* (von lat. *habere*, ›haben‹, ›halten‹, d.h. ›Haltung‹, ›Gesinnung‹) gruppenspezifische Verhaltensmerkmale, Gewohnheiten und Vorlieben, die das Auftreten einer Person, ihre Geschmacksentscheidungen, ihre Lebensform prägen (Schlaffer 1990; 2005, S. 212) – und zugleich ihren gesellschaftlichen Status eingrenzen. Friedrich Nietzsche, der sich von der Philologie polemisch verabschiedet, schreibt 1875: »Ich wünsche ein Buch über die Lebensweise der Gelehrten.« (Nietzsche 1875; 1967, S. 169)

Die philologische Frage nach der Lebensweise, nach dem Charakter kommt aus der Rhetorik. In einer Kunst, die zum Guten wie zum Bösen, zur juristischen Klärung wie zur politischen Verführung gebraucht werden kann, ist es seit den antiken Rhetoriklehren wesentlich, persönliche Integrität, Unbestechlichkeit, Uneigennützigkeit des Redners einzufordern (Vanek 2007, S. 179-195). Entsprechend verlangt schon die vormoderne Philologie von ihren Vertretern, dass sie nicht bloß Fachkenntnisse mitbringen, sondern die Tugenden der Aufrichtigkeit, der Ausdauer und der Verlässlichkeit, die vorzugsweise dort wichtig werden, wo sich Befunde schwer kontrollieren lassen: in der rhetorischen Überzeugungskunst, in der Konjekturalkritik, in der Textauslegung (Kolk 1989, S. 50-55).

Vom »Charakter des Philologen« spricht Friedrich Schlegel (1797 ff.; 1981, S. 40) – und Wilhelm Scherer (1893, S. 7) beschwört »kräftige Individualitäten«, wenn er ein Charakterbild der Brüder Grimm zeichnet. Die Begabungslehre, die in der antiken Poetik dazu dient, vor einer vordergründigen Technologisierung zu schützen, erweist sich als problematisch, wo sie Zugänge blockiert, Einschätzungen entrationalisiert: »nascitur poeta« (RL, Bd. 1, S. 701). August Boeckh stellt in seiner Vorlesung zur *Encyklopädie und Methodologie der philologischen Wissenschaften* fest: Was der in die Niederlande ausgewanderte Gräzist David Ruhnken (1723–1798) über den Textkritiker gesagt habe, gelte auch für den Hermeneuten: »Criticus, interpres non fit, sed nascitur« – der Kritiker, der Interpret werde nicht gemacht, sondern geboren (Boeckh 1809–1865; 1877, S. 87). In ähnlicher Weise findet sich der Satz, der ursprünglich auf den Dichter, nicht auf den Philologen gemünzt ist, auch bei Friedrich Schlegel: »Man wird zum Philologen geboren, wie zum Philosophen und zum Dichter.« (1797 ff.; 1981, S. 40) Wie kann ein Fach, das mit Bildungsprozessen unauflöslich verknüpft ist, so radikal auf Geburt, Natur, Schicksal setzen?

Ernsthaftigkeit und Zuverlässigkeit gelten als philologische Leittugenden. Für die Nachfolge Friedrich Heinrich von der Hagens (1780–1856) in Berlin können, so heißt es in den Fakultätsunterlagen, »nur Männer ernster Wissenschaft in Frage kommen«, die »mit strenger philologischer Methode dem auf diesem Gebiete vorlauten Liebhabereifer und den sich täglich mehrenden sprachlichen, ethnographischen, mythologischen, antiquarischen Träumereien entgegenarbeiten« (Meves 2011, S. 90-91). Männer ernster Wissenschaft? Mit der habituellen Ausrichtung ist die Frage des sozialen Geschlechts (*gender*) eng verknüpft. Der Philologe, wie er sich seit der Spätantike als Typus herausbildet, gibt sich nicht nur alt – er gibt sich männlich. Er versteht sich und reproduziert sich als »vir bonus« (Wilamowitz-Moellendorff 1921, S. 80). Mit beißendem Spott schildert Annette von Droste-Hülshoff, wie ihr Schwager, der philologische Sammler Joseph von Laßberg (1770–1855), der am Rande des Wiener Kongresses die Nibelungenhandschrift C erwirbt, germanistische Fachvertreter empfängt und mit ihnen fachsimpelt (Erhart 2004, S. 49-62): »Männer von Einem Schlage, Altertümler, die in meines Schwagers muffigen Manuskripten wühlen möchten, sehr gelehrte, sehr geachtete, ja sehr berühmte Leute in ihrem Fach – aber langweilig wie der bittre Tod, – schimmlich, rostig, prosaisch wie eine Pferde-Bürste.«[25]

Die genderspezifische Zuschreibung mag nicht überraschen, sondern Asymmetrien wiedergeben, die sich in der Geschichte von Bildungs- und Wissenschaftssystemen nicht allein in Westeuropa ausgeprägt haben. Ist die Geschichte des humanistischen Gymnasiums eng mit der Philologiegeschichte verflochten, so bleibt das Gymnasium in Deutschland bis ins späte 19. Jahrhundert ein Ort, von dem Mädchen und junge Frauen ausgeschlossen bleiben. Lyzeen bieten seit 1890 studienvorbereitende Gymnasialkurse an. Für die Germanistik hat Levke Harders (2004) die Wege von frühen Promovendinnen des Berliner Seminars (1919–1945) verfolgt. Zwar liegt der Anteil der Professorinnen in den Sprach- und Kulturwissenschaften in Deutschland inzwischen bei über dreißig Prozent – verglichen mit 12 Prozent in der Mathematik und den Naturwissenschaften ein relativ gutes Ergebnis. Doch gemessen am Frauenanteil unter den Studierenden in den Philologien zeigt ein solches Resultat, dass eine Menge zu tun bleibt. Das gilt auch auf sozialpolitischer Seite für die Herkunft von Doktoranden aus Nichtakademikerhaushalten.[26]

Die Gründe für solche Asymmetrien liegen nicht bloß in institutionen- und förderpolitischen Bedingungen. Hinter habituellen Nuancen verbergen sich harte wissenschafts- und bildungspolitische Konflikte (Lepper 2010, S. 293-294). Untersucht die Wissenschaftssoziologie die Wirkungen inklusiver und exklusiver Verhaltensmuster, darunter rhetorischen Machtgestus und starke Netzwerke, so verfügt die Philologie über einen Begriff, der nicht nur auf den philologischen Gegenstand, sondern auf die Philologie, auf die Philologen angewandt werden kann: Stil (von lat. *stilus*, ›Schreibgriffel‹). Philologischen Denkstil, Schreibstil, Lebensstil zu beobachten ist keineswegs eine bloße Angelegenheit der Gelehrtenanekdote, sondern der methodischen und wissenschaftspolitischen Weichenstellung (Gumbrecht 2002, S. 77-80). Der Zugang zu Bildungsressourcen ist in westlichen Gesellschaften offener als noch zu der Zeit, in der Pierre Bourdieu (1979) von den nicht bloß »feinen« Unterschieden sprach. Mit bloßer Vermittlung von Informationskompetenz ist es freilich nicht getan. Wie das Musikstudium auf die vorausgehende private und schulische Förderung setzt, so bleibt aber auch das Studium der philologischen Fächer auf intensive Lektüreerfahrungen und Fremdsprachenübungen, damit auf den großzügigen Zugang zu Texten und Reisemöglichkeiten vor dem Schulabschluss angewiesen. Freilich können, wie nicht nur die Herkunft der Studierenden in den amerikanischen Philologien zeigt, vorgebliche Nachteile wie der Migrationshintergrund zum sprachlichen Vorteil werden: »philology grows in exile« (Pollock 2009, S. 20). In globalen Kommunikationszusammenhängen, die vordergründig nivelliert erscheinen, brauchen Gesellschaften nicht bloß alteingesessene Traditionshüter, sondern Experten für sprachliche und textuelle Differenz. Ihre Stärken kann die Philologie nicht zeigen, wenn sie mit den Sozialwissenschaften konkurriert oder das Erbe der vormodernen Sprachmeister antritt, d.h. ihr Lehrprogramm auf die landeskundliche Vorbereitung von Nichtphilologen reduziert. Wer aber beklagt, dass unter veränderten Bildungs- und Kommunikationsbedingungen ein beschränkter, alteuropäischer Kanon nicht mehr ohne Weiteres abrufbar ist, der muss sich fragen, was Interesse und Praxis der Philologien in mehr als zwei Jahrtausenden gewesen ist: Pflege des Bestehenden oder Befragung seiner Gestalt? Vereinheitlichung von Kenntnissen oder Erkenntnis von Differenzen? Bahnung von Zugängen oder Abriegelung von Geheimwissen? Pflichtenkataloge für die philologische Zukunft ergeben sich daraus keineswegs – aber das Dekadenzargument trifft damit auf innerphilologischen Widerspruch.

6.1 Gelehrsamkeit

Die Titelabbildung dieses Bandes zeigt das Arbeitszimmer des deutschen Philologen Jacob Grimm (1785–1863): in der Mitte des Raums eine Schreibtischfestung, umrahmt von Bücherregalen.[27] Auf dem Schreibtisch ein Hut und ein Tintenfass; über den aufgereihten Bänden wachen Familienporträts, darunter der Urgroßvater Friedrich Grimm (1672–1748), leitender Geistlicher der reformierten Landeskirche in Hanau; rechts kleiner, eine Kreidezeichnung, die den Bruder Wilhelm Grimm (1786–1859) darstellt. Das Aquarell von Moritz Hoffmann, das sich heute im Germanischen Nationalmuseum befindet, stilisiert in humanistischer Tradition das sogenannte Gehäuse, in dem der Gelehrte seinen Platz einnimmt. Hoffmann versucht in Abwesenheit von Jacob Grimm ein Werkporträt, dessen Authentik sich anhand verwahrter Möbel und Gegenstände rekonstruieren lässt.

Zeigt Hoffmann in einem Aquarell aus der gleichen Serie das Arbeitszimmer Wilhelm Grimms, ausgestattet mit Stichen und Skulpturen, mit Büchern sparsam bestückt, als literarischen Wohnraum, so wirkt das Studierzimmer Jacob Grimms, in dem die gemeinsame Arbeitsbibliothek aufgestellt ist, imposant, überlieferungsbefrachtet, einschüchternd. Wörterbücher, Editionen sind griffbereit um den Arbeitsplatz arrangiert. Die beunruhigend kleine Schreibfläche scheint gegenüber der Fülle der aufgereihten

Schriftzeugnisse Bescheidenheit zu demonstrieren. Licht fällt in die gelehrte Werkstatt, aber der Blick geht nicht nach draußen, sondern konzentriert in den Bücherwinkel. Der Philologe, wäre er anwesend, schaut den Betrachter nicht an, vielmehr schaut der Betrachter ihm über die Schulter.

Was meint Gelehrsamkeit (engl. *scholarship*), was unterscheidet sie von Wissenschaft oder Bildung im modernen Verständnis? Der vormoderne Gelehrte forscht nicht, er experimentiert nicht im gegenwärtigen Verständnis. Ihm liegt auch nicht, wie dem modernen Künstler und Intellektuellen, an der Steigerung seiner Subjektivität und an deren Einsatz in der Öffentlichkeit. Er hat gelesen und gelernt, er weiß mit großen Mengen von nicht alltagsweltlichem Wissen umzugehen, es durch ständiges Studium zu erweitern und zu vertiefen. In der Antike bezeichnet der Terminus des Philologen den Universalgelehrten, der sich nicht allein in der literarischen, sondern auch in der philosophischen und naturkundlichen Überlieferung auskennt. Das historische Gegenstück des vormodernen Gelehrten ist nicht, wie in der szientifischen Moderne, der Wissenschaftler oder der Wissensvermittler, sondern der ungebildete Laie (Horstmann 1989, Sp. 553). In die wissenschaftliche Moderne ragen freilich gelehrte Praktiken und habituelle Formen weit hinein – der Wissenschaftshistoriker Anthony Grafton (geb. 1950) spricht von *Traditions of Scholarship in an Age of Science* (1991).

Gelehrsamkeit ist keineswegs ein mitteleuropäisches Sonderphänomen, das sich dem pragmatischen Zugang der amerikanischen Universitäten, der zentralistischen Bürokratie der französischen Hochschulen, dem merkantilen Interesse der britischen Erziehungstradition widersetzen würde. Oxford und Cambridge wahren noch im 19. Jahrhundert ihre theologischen Traditionen, begreifen *higher education* als Buchstudium und sehen die praktische Ausbildung außerhalb der universitären Mauern – an den

Gerichten, in den Kliniken, in den Fabriken (Osterhammel 2009, S. 1142). Vergräbt sich der Gelehrte zwischen seinen Büchern, so vermutet man unbeholfenes Auftreten, gegenwartsfremde Haltung, verklausulierte Sprache. Die Königsdisziplin des Gelehrten ist der Kommentar – nicht die nüchterne Analyse grammatischer Strukturen, auch nicht die feinsinnige Interpretation. Im Stellenkommentar zu kanonischen wie zu entlegenen Texten kann der Gelehrte alles aufbieten, was ihn auszeichnet: das Zusammentragen von »Lesefrüchten« (Curtius 1960, S. 40-43), minutiöse Beobachtungen, Parallelstellenvergleich – im Misslingensfall gigantische, undurchdringliche Materialhalden, ausgeschüttete Zettelkästen. Kommentare können atemberaubende Ausblicke eröffnen, sie können freilich auch eine ohnehin schlichte Vorlage unter Belanglosigkeiten erdrücken – wie Julius Hartmanns Ausgabe der Briefe Ludwig Uhlands, die den Satz »Ich hoffe, bei meiner Zurückkunft recht guten zehner Wein zu trinken, da die Witterung noch so günstig war« (6. Oktober 1810), mit dem Kommentar versieht: »Den Schoppen (1/2 Liter) für 10 Kreuzer (30 Pf.). Die Hoffnung trüge: es gab 1810 wenig und nur mittelmäßigen Wein.«[28]

Es erscheint unzweckmäßig, den Gelehrten zur Vergegenwärtigung zu drängen, welches denn überhaupt die Frage ist, auf die seine virtuose Fleißarbeit eine Antwort liefert. Der Gelehrte verachtet nicht die kleinformatige Lösung, sondern das abgezirkelte Problem. Er geht davon aus, dass jeder geprüfte Querverweis einen Nutzen an sich hat – in der großen Gedächtnisarbeit, die ihren Krieg gegen das Vergessen nicht gewinnen, sondern nur möglichst unentwegt führen kann.

Die Generationenübergabe markiert ein Grundproblem der Gelehrsamkeit. Der Gelehrte verfügt über hochangereicherte Mengen personalisierten Wissens, die noch nicht damit vermittelt sind, dass sie in Büchern niedergeschrieben und nachschlagbar sind. Zugleich erlebt die Gelehrsamkeit in der Ära der Suchmaschinen und kollektiv fortgeschriebenen Digitalenzyklopädien eine doppelte narzisstische Kränkung: Zum einen gelangen trotz der Qualitätssicherungsanstrengungen der digitalen Autorencommunities große Mengen ungeprüften Laienwissens in Umlauf und machen den ungleich schwerer zu benutzenden gelehrten Kommentarwerken Konkurrenz. Zum anderen beweist der Einsatz von roher Rechenleistung, die auf schmutzige Datenmengen angesetzt wird, in einer Reihe von Fällen ihre Überlegenheit. Eine entlegene Zitatstelle, für die ein Gelehrter des 19. Jahrhunderts jahrzehntelange Lesearbeit, asketische Gedächtnisdisziplin und einen sorgfältig gepflegten Zettelkasten investieren musste, ist im 21. Jahrhundert mit einem Suchmaschinenzugriff einzukreisen – und die philologische Energie kann stattdessen in die kritische Überprüfung, die interpretatorische Differenzierung investiert werden.

Dass der Gelehrtenstand der melancholischen Anfechtung in überdurchschnittlichem Maße ausgesetzt ist, wissen schon die vormoderne Theologie und Medizin. Zweifellos droht dem Philologen die Verkapselung in einer gefährlich faszinierenden Zeichenwelt, in der am Ende alles auf alles verweist. Sammelnde Manie und depressive Erstarrung liegen nah beieinander. Die Philologie hätte hingegen ihre Differenzierungsaufgabe verfehlt, wenn Gelehrsamkeit damit abgehakt werden könnte. Ausgerechnet Jacob und Wilhelm Grimm, deren Arbeitszimmer in der beschriebenen Darstellung dem ikonographischen Muster vom Gehäuse des Gelehrten folgen, erweisen sich bei präziserem Hinsehen als schlechte Beispiele für biedermeierliche Gelehrsamkeit. Ihr Wörterbuchprojekt liefert ein Modell effizienter Wissenschaftsorganisation und die Ausgangsposition für philologische Großforschung. Ihr intellektuelles und politisches Engagement ist alles andere als rückwärtsgewandt, vergangenheitsverhaftet. Umgekehrt spielen Verhaltensformen der Gelehrsamkeit, das zeigt sich bei genauerem Hinsehen, auch in der modernen Bildungs- und Wissenschaftslandschaft eine nicht zu unterschätzende Rolle. Kein Zufall ist es, dass der Altphilologe Georg Picht, der in seinem groß angelegten Platon-Wörterbuch die Auseinandersetzung mit der neueren Platon-Forschung fast vollständig ausklammert (Flashar 2011, S. 99), den Begriff von der deutschen »Bildungskatastrophe« (1964) prägt – und damit längst vor den PISA-Studien der OECD eine Debatte über Schulreformen und die im internationalen Wettbewerb unverzichtbare Öffnung des Zugangs zu höheren Qualifikationen auslöst.

Im Facebook-Zeitalter darf man sich des Endes der Gelehrsamkeit nicht zu früh gewiss sein, bloß weil das Sammeln und Auswerten sprachlicher Daten andere, folgenreichere Formen annimmt. Aber schon der Modernisierungsdialektik ist es geschuldet, dass vormoderne Gelehrsamkeit, und sei es nur als Maske, Protestcharakter annehmen kann: Wie weit reicht der allgemeinbildende Anspruch, den die Philologie erheben darf? Inwiefern generiert sie ein Expertenwissen, das für den Rest der Gesellschaft unerheblich ist? Der damalige französische Präsident Nicolas Sarkozy mokierte sich 2007 über die *Princesse de Clèves*, den 1678 anonym veröffentlichten Erfolgsroman der Madame de La Fayette, als ein Paradebeispiel für nutzlose Prüfungslektüre: »L'autre jour, je m'amusais, on s'amuse comme on peut, à regarder le programme du concours d'attaché d'administration. Un sadique ou un imbécile, choisissez, avait mis dans le programme d'interroger les concurrents sur La Princesse de Clèves.« In einer Protestaktion rezitierten Lehrer und Studenten den Roman öffentlich vor dem Panthéon in einer mehrstündigen Marathonlesung. Auf wiedererwachte Begeisterung für die gelehrte Arbeit an der Literatur des 17. Jahrhunderts sollte man nicht zu früh schließen. Aber die öffentliche Sympathie gehörte zweifellos dem

Text des Ancien Régime – und der Präsident, der eine populäre Sottise gegen die unbefragt reproduzierte Gelehrsamkeit riskiert hatte, stand als Bildungsverächter im Regen: *Une princesse contre le Président*, titelte die Tageszeitung *Libération* (18. Mai 2009).

6.2 Kennerschaft

»There is a latent lyricism in the scholar«, schreibt der Romanist Leo Spitzer 1942 im US-amerikanischen Exil. »The scholar in philology, it seems to me, is a man given to concealing his enthusiasms and his beliefs behind scholarly material; with dignified modesty, elusive reserve, and the essential chastity of the ›philological poet‹ he rejects the directly lyrical way of expressing his emotions, interposing between himself and his reader the weight of his materials.« (Spitzer 1942, S. 310)

Ist der Philologe ein verkappter Wortkünstler, ein verhinderter Dichter, der sich hinter der Fülle seines Stoffs versteckt? Ein Enthusiast, der keine eigenen Artefakte hervorbringt, sondern ersatzweise fremde Artefakte verehrt, zu ihnen ein so intimes Verhältnis entwickelt, als sei er selbst an ihrer Entstehung beteiligt gewesen? Die Kunstsoziologie hat für dieses Phänomen den Begriff der Kennerschaft (engl. *connoisseurship*) geprägt. In einem engen Sinn bezeichnet der Begriff den Spezialisten, der, akademisch nicht selten ein Laie, seine Kenntnisse eines Künstlers oder einer Stilrichtung einsetzt, um Kunstwerke zu identifizieren, ihre Echtheit zu begutachten. In einem weiten Sinne bezeichnen wir als Musikkenner, Literaturkenner, Weinkenner diejenigen, die aufgrund reichhaltiger Erfahrung in der Lage sind, ihren Gegenstand intensiv zu genießen und differenziert zu beurteilen.

Der Kenner zeichnet sich nicht durch begründetes Wissen, durch kritischen Erkenntnisdrang aus, sondern durch eingeübte

Handgriffe, durch ein personalisiertes Verhältnis zum Gegenstand, das sich bei der Begutachtung zweifelhafter Objekte als nützlich erweist. Trotz aller Versuche, Kennerschaft ein Verfahren zu geben, wie sie der Mediziner und Kunstkenner Giovanni Morelli (1816–1891) unternimmt, bleibt die Kompetenz des Kenners eine private, schwer institutionalisierbare Angelegenheit. Der Kenner unterscheidet seinen alten Meister, seinen Dichter aufgrund kriminalistischer Aufmerksamkeit für das Detail – in der Malerei die Gestaltung von wiederkehrenden Körperdetails, von Fingern, Zehen, Ohrmuscheln, in der Literatur aufgrund der Ausprägung der Handschrift, der Syntax, der rhetorischen Figuren – von Schülern oder Fälschern. Seine Kunst ist nicht besser oder schlechter als das geordnete Vorgehen des Fachwissenschaftlers – es hat bloß andere Fehlerquellen, so wie die Identifizierung eines Menschen durch einen guten Bekannten oder durch eine DNA-Analyse jeweils mit anderen Risiken erfolgt. Setzt die computerphilologische Stylometrie (Jannidis 2010, S. 112) auf statistische Verfahren bei der Analyse von Textkorpora mit unbekannter oder zweifelhafter Autorschaft, dann braucht sie große Datenmengen. Der philologische Kenner hingegen wählt die mikroskopische Einstellung. Carlo Ginzburg hat in seinem Aufsatz *Morelli, Freud und Sherlock Holmes* (1977; 1985, S. 162) auf die Kunst hingewiesen, Argumentationen gerade nicht auf spektakuläre Monumente, sondern unscheinbarste Indizien zu gründen. In dieser Hinsicht hat die ganz besondere, kennerschaftliche »Andacht zum Unbedeutenden« Methode: Die kleinsten Spuren erscheinen am wenigsten fälschungsanfällig.

Schon Friedrich Nietzsche missfällt der kennerschaftliche Gestus der Philologie – die dienende Fleißarbeit ohne eigene Größe, die scheinheilige Selbstunterwerfung vor dem Gegenstand. Er misstraut der »tiefen Bescheidenheit«, in die er selbst philologisch eingeübt worden ist (Nietzsche 1875; 1988, S. 99).

Auf die ätzende Bemerkung vom »Kennen ohne können« (ebd., S. 173) antworten ausgerechnet die differenzierten Wissenschaftsstrukturen des 20. Jahrhunderts mit Sympathie für den Kenner, der als Sonderling nicht an die Regeln des Betriebs gebunden ist, sich ganz seinen Obsessionen widmen, sein Handwerk und seine Sammlung kultivieren darf. Fälscherskandale auf dem Kunstmarkt zeigen freilich, dass der Kenner sich spektakulär irren kann. Was Edgar Wind 1960 in den *Reith Lectures* der BBC über Kennerschaft in den Kunstwissenschaften sagte, lässt sich für die Philologie übersetzen: »Die Einseitigkeit des Kenners bei seiner Beurteilung von Bildern, und insbesondere von alten Bildern, liegt in der Neigung, Spontaneität über alles zu stellen. Sein Prüfstein ist seine Sensibilität, der Sinn für die Echtheit eines eigentümlichen Pinselstrichs. So widmet er sich ganz dem unverfälschten Fragment, und unter seinen Händen wird alle Kunst zur intimen Kammerkunst.« (Wind 1960; 1994, S. 54)

Der Reichtum der philologischen Landschaft beruht bis heute nicht bloß auf hochgradig ausdifferenzierten Forschungsinstituten, sondern auf der Monomanie einzelner Kenner, die sich ausschließlich mit dem Romanwerk von James Joyce oder Marcel Proust auskennen, mit diesem freilich dafür so gründlich, dass der Fachwissenschaftler in Spezialfragen über entlegene Hinweise dankbar ist. Das Gelingen wie das Scheitern großer Editionsunternehmungen beruht nicht selten auf dem Lebenseinsatz philologischer Autodidakten.

Der Kenner übt Autorität aus, für Argumente ist er freilich schwer zugänglich, sein personalisiertes Erfahrungswissen sperrt sich gegen die Übersetzung in transparente Verfahren. Kennerschaft ist eine Alterserscheinung, bildungshistorisch wie generationell. Der Kenner gerät in Interessenkonflikte, wenn er selbst zu sammeln beginnt. Wendet er seine Unterscheidungskunst auch auf seine eigene Sammlung an? »Den Philologen und den Sammler trennt eine vielleicht unzählige Male durchbrochene, aber doch scharfe Linie: Es ist, mehr noch als die Linie zwischen dem Eigentum und dem Entliehenen, die Linie der Kritik.« (Steinfeld 2004, S. 73)

Sucht der forschende Philologe die Nähe der objektivierenden Institutionen, der Universitäten, Bibliotheken und Archive, so baut sich der Kenner seine eigene Welt. Die Beschränktheit einer solchen Laienphilologie trägt einen Zug ins Heroische, aber auch ins Rührende, ins Lächerliche – »Kammerphilologie« könnte man mit Edgar Wind sagen. Treten digitale Textanalyseverfahren seit 1962 schrittweise an die Stelle kennerschaftlicher Zuordnung (Jannidis 2010, S. 112-114), so kann sich das polemische Verhältnis zwischen philologischer Forschung und Kennerschaft entspannen. Kennerschaft wird zum Gegenstand philologiegeschichtlicher Beobachtung.

6.3 Forschung

Forschung (engl. *research, scientific discovery*; frz. *recherche*) im modernen Wortgebrauch meint ein »reflektiertes Erkennen (von Gegenständen und ihren Zusammenhängen), das über sein Zustandekommen Rechenschaft zu geben vermag« (Lorenz 1980, S. 533). Im Wechselspiel mit der »Darstellung wissenschaftlicher Erkenntnisse in Lehre und Veröffentlichung« sowie, nicht zu vernachlässigen, mit den »wissenschaftlichen Entscheidungs- und Gestaltungsprozessen« gilt Forschung als zentraler Bestandteil wissenschaftlicher Tätigkeit. Das Verb ›forschen‹ (lat. *scrutari*) richtet sich auf die sorgfältige Ergründung eines »metaphorischen Tiefenraums«, auf einen Prozess des »Vordringens und Eindringens«. Die systematische, nicht kursorische Forschung »grenzt sich von bloßer Objektkompetenz, vom Liebhaberwesen, von

143

modernen Formen des Unterrichts und der populären Wissensvermittlung« ab, ebenso »von der zufälligen Entdeckung, dem
planlosen Fund, der Behauptung ohne Nachweis, der Einsicht
ohne Rechenschaft« (Lepper 2011, S. 84-85).

Heroisiert das Wissenschaftssystem seine Gründungsfiguren,
so bringt das moderne Forschungsverständnis gegenüber dem
Gelehrsamkeitsbegriff doch einen entscheidenden Versachlichungs-
schub, Demokratisierungsschub, zugleich Entindividualisierungs-
schub (Fohrmann/Voßkamp 1987). Moderne Forschung wird,
allen individuellen Begabungen zum Trotz, arbeitsteilig und professionell betrieben, so der Nationalökonom Max Weber (1864–
1920). Kann der Verlust an existentiellem Pathos durch eine An-
gestelltenmentalität in der Großforschung ersetzt werden? Weber
zufolge liefert ausgerechnet die Differenzierung von Spezialge-
bieten die Bedingungen für eine moderne »Leidenschaft«, ohne
die nichts »etwas wert« ist: »Nur durch strenge Spezialisierung
kann der wissenschaftliche Arbeiter tatsächlich das Vollgefühl,
einmal und vielleicht nie wieder im Leben, sich zu eigen machen:
hier habe ich etwas geleistet, was *dauern* wird. Eine wirklich end-
gültige und tüchtige Leistung ist heute stets: eine spezialistische
Leistung. Und wer also nicht die Fähigkeit besitzt, sich einmal
sozusagen Scheuklappen anzuziehen und sich hineinzusteigern
in die Vorstellung, daß das Schicksal seiner Seele davon abhängt:
ob er diese, gerade diese Konjektur an dieser Stelle dieser Handschrift richtig macht, der bleibe der Wissenschaft ja nur fern.«
(Weber 1917; 1995, S. 12)

Wie kann die Philologie mit dieser modernen Forderung,
heroischen Überforderung umgehen? Die Frage, ob die Philologie überhaupt eine Wissenschaft sei, ob sie Forschung im engeren Sinne betreibe, lässt sich nicht dogmatisch, sondern nur philologisch, nämlich in der historischen Semantik klären, wie schon
Peter Szondi mit Blick auf die deutschsprachige Literaturwis-

senschaft feststellt: »Die gelehrte Beschäftigung mit Werken der Literatur heißt auf englisch ›literary criticism‹, sie ist keine ›science‹. Ähnlich verhält es sich im Französischen.« (Szondi 1962; 1978, Bd. 1, S. 264). Wenn Friedrich Schlegel in seinen Bemerkungen zur Philologie notiert: »Das Ganze ist also eine Kunst und keine Wissenschaft« (1797 ff.; 1981, S. 40), dann muss man das Verständnis des mittleren und späten 18. Jahrhunderts in Rechnung stellen: In vorausgehenden Wissenschaftslehren wird, gegen unser heutiges Verständnis, die Poetik den schönen Wissenschaften, die Philologie hingegen den schönen Künsten zugeordnet. Bis heute bildet sich ein solches Verständnis in den amerikanischen *Humanities* ab. Plädiert Hutcheson M. Posnett (1855–1927) in seinem Ansatz zur vergleichenden Literaturwissenschaft für ein szientifisches Verständnis, so rechnet er mit größerem Widerstand nicht von experimentalwissenschaftlicher, sondern von literarischer Seite. Entsprechend unnachgiebig fällt seine Polemik aus: »To our friends, the men of Literature, we would say, that nothing has contributed more largely to lower the value of their studies in the eyes of thinking men than the old-fashioned worship of imagination, not merely as containing an element of mystery, but as altogether superior to conditions of space and time; that, under the auspices of this irrational worship, the study of Literature tends to become blind idolatry of the Unknown, with a priesthood of textual pedants who would sacrifice to verbalism the very deity they affect to worship.« (Posnett 1886, S. VI)

Posnett geht es darum, das literarische Monopol zweier Gruppen zu brechen: der eleganten Dilettanten und – »what is possibly worse« – der philologischen Pedanten. Teilt er den Literaturbegriff nicht, den der englische Dichter, Kritiker und Bildungspolitiker Matthew Arnold (1822–1888) in seinen *Discourses in America* (1885) ansetzt, so greift er dessen Forderung dankbar auf, dass die Zukunft des Literaturstudiums einen Zugewinn an

Rationalität erbringen müsse: »Few will refuse to join him in the hope that Literature may some day be ›studied more rationally‹ (p. 136) than it is at present.« (Ebd., S. VI)

Bis in die Gegenwart hält sich in der Philologie ein starker antirationaler Affekt, der nach den Vertrauenseinbrüchen der großen Theorien nicht schwächer, eher noch stärker geworden ist: »Wer von der Sache nichts versteht, macht Theorie«, so fasst Nikolaus Wegmann (2000, S. 509) den philologischen Topos treffend zusammen. Dass Wissenschaft und Wissenschaftskritik, Forschungsanspruch und Forschungsreflexion sich nicht im Wege stehen müssen, bemerkt Sheldon Pollock: »While the scientificity of philological inquiry cannot be allowed to disappear in a haze of Foucauldian talk about truth regimes, these regimes are no whit less important, and understanding them historically in fact constitutes the prior philological move.« (Pollock 2009, S. 954)

6.4 Intellektuelles Engagement

Manche Leserin, mancher Leser mag sich beim vorausschauenden Blättern in der Forschungsbibliographie gefragt haben, warum neben wissenschaftlichen Studien auch eine Reihe von Publikationen aus der internationalen Presse erwähnt werden – angefangen bei Charles Mills Gayleys Artikel *What is Comparative Literature?* aus der Zeitschrift *Atlantic Monthly* (1903) bis zu Martin Stingelins Barthes-Aufsatz aus der *Frankfurter Allgemeinen Zeitung* (2012). Gerade die Philologie, die es auf der Gegenstandsebene und auf der Beschreibungsebene mit Sprache zu tun hat, bewacht eifersüchtig die Grenze zwischen wissenschaftlicher Öffentlichkeit und anderen Öffentlichkeiten. Grenzübertritte bestraft sie mit dem harten Vorwurf der Popularität. Freut sich Dieter Borchmeyer über Thomas Steinfelds Lob des philologischen Handwerks (*Die Zeit*, 24. Februar 2005), so monieren andere Rezensenten, der leitende Feuilletonredakteur spreche zu deutlich *pro domo*, wenn er den Auszug der Philologie aus den Universitäten feststelle (*Frankfurter Rundschau*, 15. Dezember 2004).

Philologen arbeiten unter Bedingungen der Ungleichzeitigkeit. So entsteht zwischen 1921 und 2011 das *Chicago Assyrian Dictionary* – 28 Bände für die Sprache Mesopotamiens, während sich US-Truppen in der instabilen, irakischen Gegenwart nur mühsam zurechtfinden (Polk/Schuster 2005, S. 105-121). Es ist kein Zufall, dass gerade die Philologie neben weltabgewandten Stubengelehrten auch den Typus der engagierten Philologen hervorgebracht hat. Edward Said machte sich bei Israelis und Palästinensern gleichermaßen unbeliebt, als er sich im Magazin der *New York Times* gegen das Abkommen von Oslo und für einen binationalen, israelisch-palästinensischen Einheitsstaat aussprach (10. Januar 1999). Der Linguist Noam Chomsky irritiert die Öffentlichkeit seit Jahren mit politischen Stellungnahmen; Ähnliches gilt für den italienischen Altphilologen Luciano Canfora (geb. 1942), der 2008 seine Streitschrift *Filologia e libertà* vorlegt. Max Weber hat gegen intellektuelles Engagement der historischen Wissenschaften zu Recht eingewandt, dass »der Prophet und der Demagoge nicht auf das Katheder eines Hörsaals gehören« (Weber 1917; 1995, S. 30). Natürlich besteht die Gefahr, dass mühsam errungene, philologische Differenzierungen in der öffentlichen Auseinandersetzung verloren gehen.

Der philologische Intellektuelle kann nicht auf einen Beobachtungsvorteil hoffen, er kann irren, sein Fach aus politischer Naivität genauso in Misskredit bringen wie der unpolitische Kollege, der sich in seine Wörterbücher vergräbt und zum Tagesgeschehen schweigt. Gleichwohl lässt sich, sobald das philologische Anliegen an Grundlagentexte rührt, der politische Konflikt kaum

147

vermeiden, wie sich an der frühneuzeitlichen Bibelphilologie, ebenso am wissenschaftlichen Widerstand in der NS-Zeit studieren lässt. Victor Klemperer (1881–1960), 1935 aufgrund seiner jüdischen Herkunft an der TH Dresden entlassen, führt ein philologisches Notizbuch, in dem er sich mit Wörtern gegen Wörter zur Wehr setzt. Präzise beobachtet er, wie der NS-Terror in den Alltag, in die Denkstrukturen einsickert – über die Sprache. Gegen die verschleiernden Abkürzungen der faschistischen Verwaltung (BDM, HJ, SA, SS) setzt Klemperer sein eigenes Merkzeichen, die Sigle LTI, »Lingua Tertii Imperii, Sprache des Dritten Reichs« – »als parodierende Spielerei zuerst, gleich darauf als ein flüchtiger Notbehelf des Erinnerns, als eine Art Knoten im Taschentuch, und sehr bald und nun für all die Elendsjahre als eine Notwehr, als ein an mich selbst gerichteter SOS-Ruf« (Klemperer 1947; 2007, S. 18).

In den ersten Monaten nach 1933 glaubt Klemperer noch an die Bücherbarrikade, an die Möglichkeit des trotzigen Rückzugs in die philologische Forschung, an den Schutzraum der Universität, der Bibliothek und des Arbeitszimmers: »Ich flüchtete, ich vergrub mich in meinen Beruf, ich hielt meine Vorlesungen und übersah krampfhaft das Immer-leerer-Werden der Bänke vor mir, ich arbeitete mit aller Anspannung an meinem Achzehnten Jahrhundert der französischen Literatur.« (Klemperer 1947; 2007, S. 20) Als Klemperer seiner Arbeitsmöglichkeiten beraubt wird, entwickelt er eine Überlebensstrategie: Er verlegt die Philologie auf die Straße: »Ich beobachtete immer genauer, wie die Arbeiter in der Fabrik redeten und wie die Gestapobestien sprachen und wie man sich bei uns im Zoologischen Garten der Judenkäfige ausdrückte. Es waren keine großen Unterschiede zu merken; nein, eigentlich überhaupt keine. Fraglos waren alle, Anhänger und Gegner, Nutznießer und Opfer, von denselben Vorbildern geleitet.« (Klemperer 1947; 2007, S. 21)

Die intellektuelle Enthaltsamkeit, der Bescheidensheitsgestus weiter Teile der Philologie nach 1945 hat den Charakter eines Offenbarungseids. Die kompromittierte Philologie sagt ihr »mea culpa«, will wieder dienen, wieder »Magd der historischen Wissenschaften« sein (Curtius 1948; 1993, S. 10) – und benennt damit die Dialektik der Engagementsverweigerung: Gerade eine Philologie, die zu nichts dienen will, steht längst in anderen Diensten.

7. Schluss

Ist die Philologie, wie der Artikel im *Larousse* feststellt, schon zu dem Zeitpunkt an ein vorläufiges Ende gekommen, als die Gelehrsamkeit, die auf schriftliche Überlieferung setzt, sich in Einzelwissenschaften ausdifferenziert? Bleibt ihr am Ende die Sicherung eines Textstatus, die Entzifferung, die Datierung, allenfalls der kritische Apparat und der knappe Kommentar, den sie anderen historischen Wissenschaften, der Literaturwissenschaft, der Rechtswissenschaft, der Theologie, zur Verfügung stellt? Zeugt die hohe Dichte philologischer Fragen, mit der auch diese Einführung aufwartet, von Verunsicherung in den philologischen Fächern? Oder von Problemkernen im Fachinneren, aus denen philologische Arbeiten zuletzt und künftig ihre Energie bezogen und beziehen werden?

Die philologischen Fächer sind nicht erst in den letzten Jahren begleitet von der Unterschätzung der eigenen Langzeitperspektiven (Pollock 2009, S. 934). Auf die Frage, warum der indoeuropäische Philologe und Sprachtheoretiker Émile Benveniste (1902–1976) zwischen glamouröseren, kulturwissenschaftlichen Gründerfiguren zu verblassen scheine, antwortet Julia Kristeva, die Linguistik habe es als abstrakte Wissenschaft gegenüber der Opulenz historischer und anthropologischer Anschaulichkeit schwer: »Par rapport aux grands noms du XXe siècle comme Mauss, Dumézil, Lévi-Strauss, Lévy-Bruhl etc., il subit en effet une certaine marginalisation. C'est peut-être lié au fait que la linguistique demande un effort d'abstraction, loin des impasses sociales et des saveurs mythiques qu'étudient l'histoire ou l'anthropologie, et qui fascinent plus. Mais dans la mesure où Benveniste relie sans cesse cet ascétisme à une expérience, il offre au contraire une grande ouverture qui, moi, m'a beaucoup impressionée.« (Kristeva 2012, S. 3)

Die philologische Askese, die Kristeva aufruft, erinnert nicht von ungefähr an religiöse Versenkung des mittelalterlichen Klosterlebens. Wo das Charisma der asketischen Erfahrung beschworen wird, da liegt missverstandene Frömmigkeit nicht fern – zugleich bleibt die Absicht unverkennbar, in Aufmerksamkeitskonflikten die Wettbewerbsfähigkeit der Philologie zu sichern. Ist es falscher Alarmismus, wenn vor der Aushöhlung von schulischer und universitärer Reflexionseinübung zugunsten kurzfristiger, ökonomischer Verwertbarkeit gewarnt wird? »Radical changes are occuring in what democratic societies teach the young, and theses changes have not been well thought through. Thirsty for national profit, nations, and their systems of education, are heedlessly discarding skills that are needed to keep democracies alive.« (Nussbaum 2010, S. 2) Oder kann die Philologie in den Warnungen die Bausteine wiedererkennen, die zu den jahrhundertealten Verteidigungsstrategien der hintergründigen gegen die vordergründige Nutzbarkeit kultureller Errungenschaften zählen (Ette 2004, S. 97-122)?

Russell Daylight fragt in einer Studie, in der er die Voraussetzungen und Probleme von Jacques Derridas dekonstruktiver Auseinandersetzung mit dem *Cours de linguistique générale* erarbeitet: *What if Derrida Was Wrong about Saussure?* (2011). Die Besprechung des Buchs im britischen Magazin *Times Higher Education* (THE) kommentiert ein Leser der Online-Ausgabe: »I'm struggling to understand why it would matter if Derida had read Saussure another way. What would change? How would this impact on the rest of us? What would be better?«[29]

»Sic!«, wird der philologische Pedant nicht ohne Genugtuung hinter »Derida« vermerken – und »rr« einkorrigieren. Ein Fall von Ahnungslosigkeit, offenbar – oder, schlimmer, von orthographischer Achtlosigkeit? Kann man mit einem Laienpublikum darüber diskutieren, ob es sich lohnt, Derridas Saussure-Auseinandersetzung zu rekonstruieren? Oder ist die Frage – »What would change? What would be better?« – nicht so harmlos, wie sie auf den ersten Blick wirkt? Das 19. Jahrhundert hat die Nützlichkeit der Philologie unter Verfälschungsverdacht gestellt – und als erschreckendes Gegenbild eine verengte Vorstellung von mittelalterlicher Textarbeit bereitgehalten, die bloß abschreibt, was religiösen oder lebenspraktischen Zielen dienen kann (Wolf 1798; 1831, S. 182). Der Romanist Ottmar Ette (geb. 1956) wagt einen bedenkenswerten Schachzug, wenn er in einer Phase des verstärkten Legitimationsdrucks nicht bloß die Rückbesinnung auf philologische Tugenden fordert, sondern der Philologie zutraut, ein »Wissen über Leben«, zugleich ein »ÜberLebenswissen« zu heben, das »von der Lagererfahrung im faschistischen Europa über unterschiedlichste Formen migratorischen Wissens bis hin zu einer politisch wie philosophisch reflektierten Lebenspraxis in vielkulturellen Gesellschaften der Wende zum 21. Jahrhundert reicht« (2004, S. 13).

Kann die Philologie entspannt auf die Traditionsbeständigkeit ihrer Fragen setzen (Gorman 2011, S. 18) – oder muss sie ihre Neuerfindung im 21. Jahrhundert forciert betreiben, wenn sie nicht politisch und medial weggespült werden will? Drei Grundfragen standen am Anfang dieser Einführung, drei Kernüberlegungen sollen am Ende stehen:

1. Wissen – oder wissen wollen? Für ein wissenschafthistorisch sensibliertes Curriculum, das über die propädeutische Kleinteiligkeit der älteren wie über die ästhetische Selbstgenügsamkeit der neueren Philologien hinausgehen muss, plädiert zu Recht Sheldon Pollock: »Twenty-first-century disciplines cannot remain arrogantly indifferent to their own historicity, constructedness, and changeability—this is an epistemological necessity, not a moral preference—and accordingly, the humbling force of genealogy must be part and parcel of every disciplinary practice.« (Pollock 2009, S. 948) Bei der Gelegenheit wird deutlich, dass sich Philologie, gegen alle Vorurteile, nicht auf eine westeuropäische, gar deutsche Genealogie verengen lässt.

2. Bestandssicherung – oder Grundlagenkritik? Schon Max Weber entdeckt die Dialektik, nach der moderne Intellektuelle und Wissenschaftler »das Bedürfnis haben, sich in ihrer Seele sozusagen mit garantiert echten, alten Sachen auszumöblieren« (Weber 1917; 1995, S. 43). Hat sich die Philologie der gelehrten Tradition entzogen, so tendiert der Materialitätskult zum zahnlosen Reflexionskitsch, zum Plüsch und Dekor. Kritik tut nicht nur der Philologie gut, sondern auch ihren Umwelten.

3. Erfolgsbilanz – oder strukturelles Defizit? Philologie ist kein melancholisches Projekt. Gegenwartsgesellschaften brauchen philologische Expertise, das Sensorium für die Historizität des Wortgebrauchs, die Einsicht in die Probleme des Übersetzens – aber auch exploratives Wagnis, selbstbewussten Dialog der Philologien mit den angrenzenden Informations- und Lebenswissenschaften. Wer Tempussysteme untersucht, mag sich nicht darauf einlassen, Vergangenheit gegen Gegenwart, Zukunft gegen Vergangenheit auszuspielen. Wer syntaktische Strukturen analysiert, der braucht sich vor Fragen, und seien es gegenwärtig glücklicherweise mehr Fragen als Antworten, nicht zu fürchten.

Anhang

Anmerkungen

Die Kurztitel im Text verweisen auf die in der Bibliographie aufgeführten Grundlagentexte und die Forschungsliteratur. Darüber hinaus gehende Zitate werden in den Anmerkungen nachgewiesen.

1 Richard Sennett: The Craftsman. New Haven 2008. Dt.: Handwerk. Übers. v. Michael Bischoff. Berlin 2008, zu den Problemen handwerklichen Könnens S. 31-76.
2 Vladimir Nabokov: Pale Fire [1962]. New York 1989, S. 81.
3 Review of English Studies 47 (1996), S. 1-22.
4 MLQ 72 (2011), H. 2, S. 225-251.
5 Consignation aller Bücher aus der Meßkirchener Bibliothec. Hs. Katalog. 1768, S. 93-104. F.F. Archiv Donaueschingen.
6 Georg Paul Hefty: Stressgetestet. Die Debatte um den Stuttgarter Bahnhofsneubau. In: FAZ, 22. Juli 2011, S. 1: »Für Bahnbenutzer wäre nach Auffassung mancher [...] Landespolitiker angeblich der Nachweis einer ›guten Betriebsqualität‹ anstelle der optimalen besser. Wer diese Chiffrensprache kennt, möge sich an diesem philologischen Wettbewerb beteiligen, dem Rest der Menschheit sind solche Feinheiten wurscht.«
7 [Art.] Philologie. In: Der Brockhaus in fünf Bänden. 9., neu bearb. Aufl. Leipzig 2000. Bd. 4, S. 3565; [Art.] Philology. In: The New Encyclopædia Britannica. 15. Aufl., Bd. 9. London [u.a.] 2002, S. 387.
8 [Art.] Philologie. In: Grand Dictionnaire encyclopédique Larousse. Bd. 8. Paris 1984, S. 8069.
9 [Art.] Filologia. In: Grande Dizionario enciclopedico. Bd. 8. Turin 1987, S. 348-355.
10 [Art.] Filología. In: Enciclopedia universal ilustrada. Bd. 4. Madrid 2003, S. 2796-2797.
11 Ebd., S. 2796.

12 Encyclopædia Britannica. 15. Aufl., Bd. 9. London [u.a.] 2002, S. 387.

13 Modern Philology. Critical and Historical Studies in Literature, Medieval through Contemporary 1 (1903) ff.

14 [56 signataires]: Oui, l'Occident chrétien est redevable au monde islamique. In: Libération, 30. April 2008 [Online-Ausgabe: http://www.liberation.fr/tribune/010179795-oui-l-occident-chretien-est-redevable-au-monde-islamique, 5. Mai 2012].

15 Cahiers de civilisation médiévale 51 (2008), S. 182-184.

16 Duden, 3., neu bearb. und erw. Aufl., Bd. 2, 1999, S. 590.

17 http://www.uchicago.edu/features/20111010_mansueto/ (19. Mai 2012).

18 http://icom.museum/where-we-work/icom-network/2000-museums.html (26. Mai 2012).

19 http://www.unicef.org/infobycountry/india_statistics.html (15. Mai 2012).

20 Eugenio Montale: [Einleitung, ohne Titel]. In: Vittorio Masselli [u.a.] (Hgg.): Antologia popolare di poeti del novecento [1956]. Florenz 1964, S. 237.

21 MLN 99 (1984), H. 5, S. 1188-1192, hier: S. 1191.

22 Franz Pfeiffer an die Witwe Ludwig Uhlands, 6. Dezember 1865. Zitiert aus J. M. Wagner: Vorrede. In: Ludwig Uhland – Joseph Freiherr von Laßberg. Briefwechsel. Hg. v. Franz Pfeiffer. Wien 1870, S. VI.

23 Sulpiz Boisserée an Johann Wolfgang von Goethe, 27. Okt. 1815. In: ders.: Briefwechsel mit Goethe. Hg. v. Mathilde Boisserée. Stuttgart 1862, S. 72.

24 Bässler [u.a.] 2008, darin insbesondere der Beitrag von Hendrik Birus, S. 21-26, hier: S. 21.

25 Annette von Droste-Hülshoff an Christoph Bernhard Schlüter, 19. Nov. 1835. In: Historisch-kritische Ausgabe. Hg. v. Winfried Woesler. Tübingen 1987, Bd. VIII/1, S. 189.

26 http://www.bmbf.de/de/494.php (15. Mai 2012).

27 Nicht von Wilhelm Grimm, wie im Bildindex des Deutschen Dokumentationszentrums für Kunstgeschichte – Bildarchiv Foto Marburg angegeben; ausführlich Wilhelm Hansen: Bei den Brüdern Grimm in Berlin. In: Die Brüder Grimm in Berlin. Katalog zur Ausstellung anlässlich des 150. Jahrestages seit der Vollendung von Bd. 1 des Grimmschen Wörterbuches im Jahr 1854. Stuttgart 2004, S. 16-39, hier: S. 17.

28 Ludwig Uhland: Briefwechsel. Hg. v. Julius Hartmann. Teil 1: 1795-1815. Stuttgart 1911, S. 198.

29 Leserkommentar zu John E. Joseph: [Rez.] Russell Daylight: What if Derrida Was Wrong about Saussure? Edinburgh 2011. In: Times Higher Education, 26. Januar 2011 [http://timeshighereducation.co.uk/story.asp?storycode=415785; 25. Mai 2012].

Literatur

Abkürzungen

DNP   Der Neue Pauly. Enzyklopädie der Antike. Hg. v. Hubert Cancik [u.a.]. 16 Bände. Stuttgart/Weimar 1996-2003.

DVjs   Deutsche Vierteljahrsschrift für Literaturwissenschaft und Geistesgeschichte [1923 ff.].

DWb   Deutsches Wörterbuch. Begründet von Jacob und Wilhelm Grimm. 32 Bände. Leipzig 1854-1961.

Genesis   Genesis. Manuscrits, recherche, invention. Revue internationale de critique génétique (ITEM) [1992 ff.].

GG   Geschichte der Germanistik [1991 ff.].

HWbPh   Historisches Wörterbuch der Philosophie. Hg. v. Joachim Ritter [u.a.]. 13 Bände. Basel 1971-2007.

HWbRh   Historisches Wörterbuch der Rhetorik. Hg. v. Gert Ueding. 10 Bände. Tübingen 1992-2012.

HSK   Handbücher zur Sprach- und Kommunikationswissenschaft [1982 ff.].

IASL   Internationales Archiv für Sozialgeschichte der deutschen Literatur [1976 ff.].

Kodex   Kodex. Jahrbuch der Internationalen Buchwissenschaftlichen Gesellschaft [2011 ff.].

Kluge/   Etymologisches Wörterbuch der deutschen Sprache. Bearbeitet von Friedrich Kluge, Elmar Seebold. 23., erw. Aufl. Berlin 1995.
Seebold

PMLA   Publications of the Modern Language Association of America [1884 ff.].

MLN   Modern Language Notes [1886 ff.].

MLQ   Modern Language Quarterly [1940 ff.].

OED   The Compact Edition of the Oxford English Dictionary. 2 Bände. Oxford 1971.

RL   Reallexikon der deutschen Literaturwissenschaft. Neubearbei-
        tung des Reallexikons der deutschen Literaturgeschichte. Hg.
        v. Harald Fricke, Jan-Dirk Müller, Friedrich Vollhardt, Klaus
        Weimar [u.a.]. 3 Bände. Berlin/New York 1997-2003.
RNA   Regeln zur Erschließung von Nachlässen und Autographen
        (RNA). Staatsbibliothek zu Berlin, Österreichische Nationalbi-
        bliothek Wien. Stand: 4. Februar 2010 [http://kalliope.staatsbi-
        bliothek-berlin.de/verbund/rna_berlin_wien_mastercopy_08_02_
        2010.pdf].
ZIG   Zeitschrift für Ideengeschichte [2007 ff.].
ZfdPh   Zeitschrift für deutsche Philologie [1868 ff.].

Grundlagen

Auerbach, Erich: Gesammelte Aufsätze zur romanischen Philologie. Hg.
   v. Gustav Konrad. München 1967.

–: Vico und Herder. In: DVjs 10 (1932), S. 671-686.

Ast, Friedrich: Grundlinien der Grammatik, Hermeneutik und Kritik.
   Landshut 1808.

Barthes, Roland: S/Z. Paris 1970. Übers. v. Jürgen Hoch. Frankfurt/Main
   1976.

–: Le Plaisir du texte. Paris 1973. Übers. v. Traugott König. Frank-
   furt/Main 1974.

Baumgarten, Alexander Gottlieb: Meditationes philosophicae de nonnullis ad poema pertinentibus. Halle 1735.

Bédier, Joseph: La tradition manuscrite du Lai de l'Ombre. Réflexions
   sur l'art d'éditer les anciens textes [1928]. Paris 1970.

Bentley, Richard: Praefatio. In: Q. Horatius Flaccus, ex recensione et cum
   notis atque emendationibus Richardi Bentleii. Cambridge 1711.

Bernays, Jacob: Geschichte der klassischen Philologie [1878-1879]. Vorle-
   sungsnachschrift von Robert Münzel. Hg. v. Hans Kurig. 2., verb.
   Aufl. Hildesheim 2008.

Blumenberg, Hans: Die Lesbarkeit der Welt [1981]. 4. Aufl. Frankfurt/
   Main 1999.

Boeckh, August: Encyklopädie und Methodologie der philologischen
   Wissenschaften [1809-1865]. Hg. v. Ernst Bratuschek. Leipzig 1877.

Chladenius, Johann Martin: Allgemeine Geschichtswissenschaft. Neudruck der Ausgabe Leipzig 1752. Mit einer Einleitung von Christoph Friedrich und einem Vorwort von Reinhart Koselleck. Köln 1985.

Curtius, Ernst Robert: Europäische Literatur und lateinisches Mittelalter [1948]. 11. Aufl. Bern 1993.

–: Gesammelte Aufsätze zur romanischen Philologie. Bern 1960.

Dilthey, Wilhelm: Archive für Literatur. In: Deutsche Rundschau 58 (1889), H. 1, S. 360-375.

Eckhart, Johann Georg von: Commentarii de rebus Franciae Orientalis. Würzburg 1729.

Erasmus von Rotterdam: De ratione studii [1511]. In: ders.: Opera. Hg. v. der Niederländischen Akademie der Wissenschaften. Bd. I/2. Amsterdam 1971, S. 79-151.

Foucault, Michel: Les Mots et les choses. Une archéologie des sciences humaines. Paris 1966.

–: Nietzsche, la généalogie, l'histoire [1971]. In: Dits et écrits 1954-1975. Hg. v. Daniel Defert [u.a.]. Paris 1994, S. 1004-1024.

Friedrich, Hugo: Die Struktur der modernen Lyrik. Von Baudelaire bis zur Gegenwart. Reinbek 1956.

Grimm, Jacob: Grimm, Wilhelm: Altdeutsche Wälder. Kassel 1813.

Kittler, Friedrich: Aufschreibesysteme 1800/1900 [1984]. 4., vollst. überarb. Neuaufl. München 2003.

Klemperer, Victor: LTI. Notizbuch eines Philologen [1947]. 23. Aufl. Stuttgart 2009.

Lachmann, Karl: Kleinere Schriften zur deutschen Philologie. Hg. v. Karl Müllenhoff. Berlin 1876.

Lempicki, Sigmund von: Geschichte der deutschen Literaturwissenschaft bis zum Ende des 18. Jahrhunderts [1920]. Göttingen 1968.

Martianus Capella: De nuptiis Philologiae et Mercurii [5./6. Jh. n. Chr.]. Hg. v. James Willis. Leipzig 1983.

Nietzsche, Friedrich: Notizen zu ›Wir Philologen‹ [1875]. In: ders.: Nachgelassene Fragmente 1875-1876. Hg. v. Giorgio Colli, Mazzino Montinari. Berlin 1967 (Kritische Gesamtausgabe, Bd. IV/1), S. 87-114.

Posnett, Hutcheson M.: Comparative Literature. London 1886.

Pütter, Johann Stephan: Versuch einer academischen Gelehrten-Geschichte von der Georg-Augustus-Universität zu Göttingen. Göttingen 1765.

Scherer, Wilhelm: Kleine Schriften zur altdeutschen Philologie. Hg. v. Konrad Burdach. Berlin 1893.

Schlegel, Friedrich: Zur Philologie I und II [1797 ff.]. In: ders.: Fragmente zur Poesie und Literatur. Erster Teil. Hg. v. Hans Eichner. Paderborn [u.a.] 1981 (Kritische Friedrich-Schlegel-Ausgabe, Bd. 16), S. 33-81.

Sontag, Susan: Against Interpretation and Other Essays [1964]. New York 2001.

Spitzer, Leo: A New Program for the Teaching of Literary History. In: The American Journal of Philology 63 (1942), H. 3, S. 308-319.

–: Wiederum Mörikes Gedicht ›Auf eine Lampe‹. In: Trivium 9 (1951), H. 3, S. 133-147.

Szondi, Peter: Schriften. Bd. 1 und 2. Hg. v. Jean Bollack [u.a.]. Frankfurt/Main 1978.

Vico, Giambattista: Prinzipien einer neuen Wissenschaft über die gemeinsame Natur der Völker [1725; 2. Ausg. 1744]. Übers. v. Vittorio Hösle, Christoph Jermann. Hamburg 1990.

Weber, Max: Wissenschaft als Beruf [1917]. Mit einem Nachwort von Friedrich Tenbruck. Stuttgart 1995.

Wilamowitz-Moellendorff, Ulrich von: Geschichte der Philologie [1921]. Leipzig 1959.

–: Erinnerungen 1848-1914. Leipzig 1928.

Wolf, Friedrich August: Encyclopädie der Philologie. Nach dessen Vorlesungen im Winterhalbjahre von 1798-1799. Hg. v. S. M. Stockmann. Leipzig 1831.

Zedler, Johann Heinrich: Grosses vollständiges Universal-Lexicon Aller Wissenschaften und Künste. Bd. 27. Leipzig 1741, darin: [Art.] Philologi, Sp. 1984; Philologie, Sp. 1985.

Weiterführende Lektürehinweise

Adler, Hans: Die Sorge um Wort, Text und Sprache: Johann Gottfried Herder. In: GG 39/40 (2011), S. 21-32.

Alt, Peter-André: Die Verheißungen der Philologie. Göttingen 2007.

App, Urs: The Birth of Orientalism. Philadelphia 2010.

Auroux, Sylvain (Hg.): History of the Language Sciences. An International Handbook on the Evolution of the Study of Language from the
Beginnings to the Present. Berlin 2000-2006 (HSK 18.1-18.3).

Barbotin, Christophe; Devauchelle, Didier: La voix des hiéroglyphes. Paris 2006.

Bässler, Andreas [u.a.] (Hgg.): Kulturwissenschaft vs. Philologie? Bern [u.a.]
2008 (= Akten des XI. Internationalen Germanistenkongresses Paris 2005,
Sektion 10, Bd. 5).

Benne, Christian: Nietzsche und die historisch-kritische Philologie. Ber-
lin/New York 2005.

Bennewitz, Ingrid: Alte ›Neue‹ Philologie? Zur Tradition eines Diskur-
ses. In: Tervooren/Wenzel 1997, S. 46-61.

Bertho, Sophie; Plachta, Bodo (Hgg.): Die Herkulesarbeiten der Philologie. Berlin 2008.

Bohnenkamp, Anne; Vandenrath, Sonja (Hgg.): Wort-Räume. Zeichen-
Wechsel. Augen-Poesie. Zur Theorie und Praxis von Literaturausstellungen. Göttingen 2011.

–; Bremer, Kai; Wirth, Uwe; Wirtz Eybl, Irmgard (Hgg.): Konjektur und
Krux: Zur Methodenpolitik der Philologie. Göttingen 2010.

Bohrer, Karl Heinz: Die Flucht der Kulturwissenschaft vor der Kunst.
In: ders.: Großer Stil. Form und Formlosigkeit in der Moderne. München 2007, S. 262-279.

Braungart, Wolfgang: Literaturgeschichte als Kommunikationsgeschich-
te. In: Günter Butzer, Joachim Jacob (Hgg.): Berührungen. Komparatis-
tische Perspektiven auf die frühe deutsche Nachkriegsliteratur. München 2012, S. 197-216.

Brekle, Herbert E. (Hg.): Bio-bibliographisches Handbuch zur Sprachwissenschaft des 18. Jahrhunderts. Die Grammatiker, Lexikographen und
Sprachtheoretiker des deutschsprachigen Raums mit Beschreibungen
ihrer Werke. Tübingen 1992-2005.

Bremer, Kai; Wirth, Uwe (Hgg.): Texte zur modernen Philologie. Stuttgart 2010.

Buschmeier, Matthias: Poesie und Philologie in der Goethe-Zeit. Studien
zum Verhältnis der Literatur mit der Wissenschaft. Tübingen 2008.

Cai, Zong-Qi: Evolving Practices of Guan and Liu Xie's Theory of Literary Interpretation. In: Chan 2010, S. 103-132.

Cerquiglini, Bernard: Éloge de la variante. Histoire critique de la philologie. Paris 1989.

Chan, Alan K. L. [u.a.] (Hgg.): Interpretation and Literature in Early Medieval China. New York 2010.

Chandler, James [u.a.] (Hgg.): The Fate of the Disciplines. Chicago 2009 (= Critical Inquiry 35 (2009), H. 4).

Chartier, Roger: Literaturarchive, Kritik und Edition. In: Jahrbuch der Deutschen Schillergesellschaft 54 (2010), S. 496-511.

Clark, William: Academic Charisma and the Origins of the Research University. Chicago 2006.

Crane, Gregory: What Do You Do with a Million Books? In: D-Lib Magazine 12 (2006), H. 3 [http://www.dlib.org/dlib/march06/crane/03crane.html, 01.02.2012].

Crane, Susan A.: Collecting and Historical Consciousness in Early Nineteenth-Century Germany. Ithaca 2000.

Culler, Jonathan: The Return to Philology. In: Journal of Aesthetic Education 36 (2002), H. 3, S. 12-16.

–: Anti-foundational Philology. In: Ziolkowski 1990, S. 49-52.

Danneberg, Lutz [u.a.] (Hgg.): Stil, Schule, Disziplin. Analyse und Erprobung von Konzepten wissenschaftsgeschichtlicher Rekonstruktion. Berlin 2005.

Dehrmann, Mark-Georg; Nebrig, Alexander (Hgg.): Poeta philologus: eine Schwellenfigur im 19. Jahrhundert. Bern [u.a.] 2010.

–; Spoerhase, Carlos: Die Idee der Universität: Friedrich August Wolf und die Praxis des Seminars. In: ZIG 5 (2011), H. 1, S. 105-117.

de Man, Paul: The Return to Philology [zuerst in: Times Literary Supplement, 10. Dez. 1982, S. 1355-1356]. In: ders.: The Resistance to Theory. Mit einem Vorwort von Wlad Godzich. Minneapolis 1986, S. 21-26.

Eibl, Karl: On the Redskins of Scientism and the Aesthetes in the Circled Wagons. In: Journal of Literary Theory 1 (2007), H. 2, S. 421-441.

–: Animal poeta. Bausteine einer biologischen Kultur- und Literaturtheorie. Paderborn 2004.

El Alami, Abdellatif: Méta-langage et philologie extatique. Essai sur Abdelwahab Meddeb. Paris 2000.

Erhart, Walter (Hg.): Grenzen der Germanistik. Rephilologisierung oder Erweiterung? Stuttgart 2004.

–: Verlorene Handschrift, unendliche Interpretation. Über alte und neue Passionen der Philologie. In: DAAD-Germanistentreffen Deutschland – Großbritannien, Irland. Bonn 2004, S. 49-62.

Erlich, Victor: Russischer Formalismus [1955]. Übers. v. Marlene Lohner. Frankfurt/Main 1973.

Espagne, Michel: La Référence allemande dans la fondation d'une philologie française. In: Espagne/Werner 1990, S. 135-158.

–; Werner, Michael (Hgg.): Philologiques I. Contribution à l'histoire des disciplines littéraires en France et en Allemagne au XIXe siècle. Paris 1990.

Eto, Hiroyuki: Philologie vs. Sprachwissenschaft: Historiographie einer Begriffsbestimmung im Rahmen der Wissenschaftsgeschichte des 19. Jahrhunderts. Münster 2003.

Ette, Ottmar: Wer sagt, was Leben ist? Perspektiven der Debatte um eine lebenswissenschaftliche Philologie. In: GG 37/38 (2010), S. 100-109.

–: ÜberLebenswissen. Die Aufgabe der Philologie. Berlin 2004.

Flashar, Hellmut: Zettel's Traum. Georg Picht und das Platon-Archiv in Hinterzarten. In: ZIG 5 (2011), H. 1, S. 94-104.

–; Gründer, Karlfried; Horstmann, Axel (Hgg.): Philologie und Hermeneutik im 19. Jahrhundert. Göttingen 1979.

Fohrmann, Jürgen; Voßkamp, Wilhelm (Hgg.): Von der gelehrten zur disziplinären Gemeinschaft. Sonderheft der DVjs 61 (1987).

Frank, Manfred: Das individuelle Allgemeine. Textstrukturierung und -interpretation nach Schleiermacher. Frankfurt/Main 1977.

Gardt, Andreas: Geschichte der Sprachwissenschaft in Deutschland. Berlin/New York 1999.

Germain, Marie-Odile; Thibault, Danièle (Hgg.): Brouillons d'écrivains. Paris 2001.

Gfrereis, Heike: [Art.] Ausstellung. In: Lepper/Raulff [erscheint 2013].

Ginzburg, Carlo: Indizien: Morelli, Freud und Sherlock Holmes [1977]. In: Umberto Eco, Thomas A. Sebeok (Hgg.): Der Zirkel oder Im Zeichen der Drei: Dupin, Holmes, Peirce. Übers. v. Christiane Spelsberg, Roger Willemsen. München 1985, S. 125-179.

Gneuss, Helmut: Die Wissenschaft von der englischen Sprache: Ihre Entwicklung bis zum Ausgang des 19. Jahrhunderts. München 1990.

Goebel, Eckart: Philologische Erkenntnis oder Abschied von der ›Dysphorie‹. In: Kevin F. Hilliard [u.a.] (Hgg.): Festschrift für T.J. Reed. Tübingen 2004, S. 16-27.

Gorman, David: The Future of Literary Study. An Experiment in Guesswork. In: MLQ 72 (2011), H. 1, S. 1-18.

Gouguenheim, Sylvain: Aristote au Mont Saint-Michel. Les racines grecques de l'Europe chrétienne. Paris 2008.

Grafton, Anthony: Worlds Made by Words. Scholarship and Community in the Modern West. Cambridge/Mass. 2009.

–: Juden und Griechen bei Friedrich August Wolf. In: Reinhard Markner, Giuseppe Veltri (Hgg.): Friedrich August Wolf. Studien, Dokumente, Bibliographie. Stuttgart 1999, S. 9-31.

–: Defenders of the Text. The Traditions of Scholarship in an Age of Science, 1450-1800. Cambridge/Mass. 1991.

–; Most, Glenn W.; Settis, Salvatore (Hgg.): The Classical Tradition. Cambridge/Mass. 2010.

Grenzmann, Ludger [u.a.] (Hg.): Philologie als Kulturwissenschaft. Studien zur Literatur und Geschichte des Mittelalters. Festschrift für Karl Stackmann zum 65. Geburtstag. Göttingen 1987.

Grésillon, Almuth: ›Critique génétique‹. Gedanken zu ihrer Entstehung, Methode und Theorie. In: Quarto 8 (1996), S. 14-24.

–: Éléments de critique génétique. Lire les manuscrits modernes. Paris 1994.

Grethlein, Jonas: The Greeks and Their Past. Poetry, Oratory and History in the Fifth Century BCE. Cambridge 2010.

Gruendler, Beatrice: Pre-Modern Arabic Philologists: Poetry's Friends or Foes? In: GG 39/40 (2011), S. 6-21.

Grunert, Frank; Vollhardt, Friedrich (Hgg.): Historia literaria. Neuordnungen des Wissens im 17. und 18. Jahrhundert. Berlin/New York 2007.

Gumbrecht, Hans Ulrich: Welche Wahrheit der Philologie? In: Kelemen 2010, S. 19-26.

–: Die Macht der Philologie [2002]. Frankfurt/Main 2003.

–: Vom Leben und Sterben der großen Romanisten. Karl Vossler, Ernst Robert Curtius, Leo Spitzer, Erich Auerbach, Werner Krauss. München 2002.

– : Ein Hauch von Ontik. Genealogische Spuren der New Philology. In: Tervooren/Wenzel 1997, S. 31-45.

Gurd, Sean Alexander: Iphigenias at Aulis. Textual Multiplicity, Radical Philology. Ithaca 2005.

Güthenke, Constanze: Placing Modern Greece: The Dynamics of Romantic Hellenism, 1770-1840. Oxford 2008.

Häfner, Ralph: Götter im Exil. Frühneuzeitliches Dichtungsverständnis im Spannungsfeld christlicher Apologetik und philologischer Kritik (ca. 1590-1736). Tübingen 2003.

–: (Hg.): Philologie und Erkenntnis. Beiträge zu Begriff und Problem frühneuzeitlicher ›Philologie‹. Tübingen 2001.

Hamacher, Werner: Für – Die Philologie. Basel 2009.

Harders, Levke: Studiert, promoviert: Arriviert? Promovendinnen des Berliner Germanischen Seminars (1919-1945). Frankfurt/Main 2004.

Harpham, Geoffrey Galt: Roots, Races, and the Return of Philology. In: Representations 106 (2009), H. 1, S. 34-62.

Haugen, Kristine L.: Richard Bentley: Poetry and Enlightenment. Cambridge/Mass. 2011.

Hausmann, Frank-Rutger: ›Deutsche Geisteswissenschaft‹ im Zweiten Weltkrieg. Die ›Aktion Ritterbusch‹ (1940-1945) [1998]. 3., erw. Ausg. Heidelberg 2007.

Hennig, Jochen; Andraschke, Udo (Hgg.): WeltWissen. 300 Jahre Wissenschaften in Berlin. Ausstellung im Martin-Gropius-Bau, 24.9.2010-9.1.2011. München 2010.

Henry, Charles (Hg.): No Brief Candle. Reconceiving Research Libraries for the 21st Century. Washington 2008.

Hermand, Jost: Geschichte der Germanistik. Reinbek 1994.

Horstmann, Axel: Erkenntnis des Erkannten: Philologie und Philosophie bei August Boeckh (1785-1867). In: Zeitschrift für Germanistik N.F. 20 (2010), H. 1, S. 64-78.

–: [Art.] Philologie [2003]. In: HWbRh, Bd. 6, Sp. 948-968.

–: [Art.] Philologie [1989]. In: HWbPh, Bd. 7, Sp. 552-572.

Hummel, Pascale (Hg.): Metaphilology: Histories and Languages of Philology. Paris 2009.

Hunwick, John O.; Boye, Alida Jay (Hgg.): The Hidden Treasures of Timbuktu. Historic City of Islamic Africa. London 2008.

Hutchinson, Ben: Modernism and Style. Basingstoke 2011.

Jancovich, Mark: The Cultural Politics of the New Criticism. Cambridge 1993.

Jannidis, Fotis: Methoden der computergestützten Textanalyse. In: Vera Nünning (Hg.): Methoden der literatur- und kulturwissenschaftlichen Textanalyse. Stuttgart 2010, S. 109-132.

–: Verstehen erklären. In: Martin Huber, Simone Winko (Hgg.): Literatur und Kognition. Bestandsaufnahmen und Perspektiven eines Arbeitsfeldes. Paderborn 2009, S. 45-62.

Jaumann, Herbert (Hg.): Handbuch Gelehrtenkultur der Frühen Neuzeit. Berlin 2004. Bd. 1: Bio-bibliographisches Repertorium. Bd. 2: Glossar.

Jauß, Hans Robert: Alterität und Modernität der mittelalterlichen Literatur. Gesammelte Aufsätze 1956-1976. München 1977.

Jochum, Uwe: Kleine Bibliotheksgeschichte [1993]. 3., verb. und erw. Aufl. Stuttgart 2007.

Kämper-van den Boogaart, Michael; Martus, Steffen; Spoerhase, Carlos: Entproblematisieren: Überlegungen zur Vermittelbarkeit von Forschungswissen, zur Vermittlung von ›falschem‹ Wissen und zur Funktion literaturwissenschaftlicher Terminologie. In: Zeitschrift für Germanistik N.F. 21 (2011), H. 1, S. 8-24.

Kelemen, Pál [u.a.] (Hgg.): Kulturtechnik Philologie: Zur Theorie des Umgangs mit Texten. Heidelberg 2010.

Kolk, Rainer: Wahrheit – Methode – Charakter. Zur wissenschaftlichen Ethik der Germanistik im 19. Jahrhundert. In: IASL 14 (1989), S. 50-73.

König, Christoph; Thouard, Denis (Hgg.): La philologie au présent. Pour Jean Bollack. Lille 2010.

–: (Hg.): Das Potential europäischer Philologien. Geschichte, Leistung, Funktion. Göttingen 2009.

–: Präsenz ohne Text. Zur neuen Attraktivität der ›Philologie‹ bei Hans Ulrich Gumbrecht. In: GG 23/34 (2003), S. 5-11.

–: (Hg.): Internationales Germanistenlexikon 1800-1950. 3 Bände. Berlin/New York 2003.

Kössinger, Norbert: Otfrids Evangelienbuch in der Frühen Neuzeit. Studien zu den Anfängen der deutschen Philologie. Tübingen 2009 (Frühe Neuzeit 135).

Kornicki, Peter: The Book in Japan. A Cultural History from the Beginnings to the 19th Century. Leiden 1998.

Košenina, Alexander: Der gelehrte Narr. Gelehrtensatire seit der Aufklärung [2003]. 2. Aufl. Göttingen 2004.

Kraume, Anne: Das Europa der Literatur. Schriftsteller blicken auf den Kontinent 1815-1945. Berlin/New York 2010.

Kroll, Frank-Lothar: Kultur, Bildung und Wissenschaft im 20. Jahrhundert. München 2003 (Enzyklopädie deutscher Geschichte 65).

Landfester, Manfred [u.a.]: [Art.] Philologie [2002]. In: DNP, Bd. 15/2: Rezeptions- und Wissenschaftsgeschichte, Sp. 237 331.

Lauer, Gerhard: Bibliothek aus Daten. In: Kodex 1 (2011), S. 79-85.

Lebrave, Jean-Louis: La Critique génétique: une discipline nouvelle ou un avatar moderne de la philologie? In: Genesis 1 (1992), S. 33-72.

Lepper, Marcel: Deutsche Philologie im 18. Jahrhundert? Ein Forschungsbericht mit Bibliographie. In: Das Achtzehnte Jahrhundert 36 (2012), H. 1, S. 72-106.

–: Frühneuzeitphilologie und Frühneuzeithistorie. In: ders., Dirk Werle (Hgg.): Die Entdeckung der Frühen Neuzeit. Konstruktionen einer Epoche der Literatur- und Sprachgeschichte seit 1750. Stuttgart 2011, S. 65-78.

–: [Art.] Forschung. In: Metzler Handbuch Bildung. Hg. v. Michael Maaser, Gerrit Walther. Stuttgart/Weimar 2011, S. 84-90.

–: Annette von Droste-Hülshoff und Joseph von Laßberg: Geduldsphilologie und Ungeduldspoetik 1835-1848. In: Claudia Liebrand, Irmtraud Hnilica, Thomas Wortmann (Hgg.): Redigierte Tradition: Literaturhistorische Positionierungen Annette von Droste-Hülshoffs. Paderborn 2010, S. 279-294.

–: Heuristikgeschichte: ein zweigliedriges Rekonstruktionskonzept. In: Scientia Poetica 13 (2009), S. 329-338.

–: Ulrich Raulff (Hgg.): Metzler Handbuch Archiv. Stuttgart [erscheint 2013].

Lerer, Seth (Hg.): Literary History and the Challenge of Philology. The Legacy of Erich Auerbach. Stanford 1996.

Leventhal, Robert S.: The Emergence of Philological Discourse in the German States 1770-1810. In: Isis 77 (1986), S. 243-260.

Lorenz, Kuno: [Art.] Forschung. In: Enzyklopädie Philosophie und Wissenschaftstheorie. Bd. 1. Mannheim [u.a.] 1980, S. 533-534.

Maat, Jaap: Philosophical Languages in the 17th century: Dalgarno, Wilkins, Leibniz. Amsterdam 2004.

Marchand, Suzanne L.: German Orientalism in the Age of Empire. Religion, Race, and Scholarship. Cambridge 2009.

Martus, Steffen: Werkpolitik. Zur Literaturgeschichte kritischer Kommunikation vom 17. bis ins 20. Jahrhundert. Berlin/New York 2007.

McGann, Jerome J.: The Scholar's Art. Literary Studies in a Managed World. Chicago 2006.

–: A Critique of Modern Textual Criticism. Chicago 1983.

–: The Romantic Ideology. Chicago 1983.

Meves, Uwe (Hg.): Deutsche Philologie an den preußischen Universitäten im 19. Jahrhundert. Dokumente zum Institutionalisierungsprozess. Berlin/New York 2011.

Messling, Markus: Philologie et racisme. À propos de l'historicité dans les sciences des langues et des textes. In: Annales 67 (2012), H. 1, S. 153-182.

–: Duell in Rom. Das Ringen um die Hieroglyphen. In: ZIG 3 (2009), H. 4, S. 17-32.

–: Pariser Orientlektüren. Zu Wilhelm von Humboldts Theorie der Schrift. Paderborn 2008.

Moretti, Franco: Conjectures on World Literature. In: New Left Review 1 (2000), S. 54-68.

–: The Slaughterhouse of Literature. In: MLQ 61 (2000), H. 1, S. 207-227.

Most, Glenn: Sehnsucht nach Unversehrtem. Überlegungen zu Fragmenten und deren Sammlern. In: Kelemen 2010, S. 27-44.

–: (Hg.): Disciplining Classics – Altertumswissenschaft als Beruf. Göttingen 2002.

–: Friedrich Nietzsche zwischen Philosophie und Philologie. In: Universität Heidelberg: Ruperto Carola 1994, H. 2, S. 12-17.

Müller, Hans-Harald; Nottscheid, Mirko: Wissenschaft ohne Universität, Forschung ohne Staat. Die Berliner Gesellschaft für deutsche Literatur (1888-1938). Berlin/New York 2011.

–; Lepper, Marcel; Gardt, Andreas (Hgg.): Strukturalismus in Deutschland. Literatur- und Sprachwissenschaft 1910-1975. Göttingen 2010.

Müller, Lothar: Weiße Magie. Die Epoche des Papiers. München 2012.

Nair, Rukmini Bhaya: Philological Angst. Or How the Narrative of Census, Caste and Race in India Still Informs the Discourse of the 21st Century. In: Markus Messling, Ottmar Ette (Hgg.): Wort Macht Stamm. Rassismus und Determinismus in der Philologie. München [erscheint 2012].

Nebrig, Alexander; Spoerhase, Carlos (Hgg.): Die Poesie der Zeichenset-
zung. Studien zur Stilistik der Interpunktion. Bern [u.a.] 2012.

Neef, Sonja: Abdruck und Spur. Handschrift im Zeitalter ihrer techni-
schen Reproduzierbarkeit. Berlin 2008.

–; [u.a.] (Hgg.): Sign Here! Handwriting in the Age of New Media. Amsterdam 2006.

Neuroth, Heike; Jannidis, Fotis; Rapp, Andrea; Lohmeier, Felix: Virtu-
elle Forschungsumgebungen für e-Humanities. Maßnahmen zur optimalen Unterstützung von Forschungsprozessen in den Geisteswissenschaften. In: Bibliothek. Forschung und Praxis 33 (2009), H. 2, S. 161-
169.

Nichols, Stephen G.: Why Material Philology? Some Thoughts. In: Ter-
vooren/Wenzel 1997, S. 10-30.

Nussbaum, Martha C.: Not For Profit: Why Democracy Needs the Humanities. Princeton 2010.

O'Hara, Robert J.: Trees of History in Systematics and Philology. In:
Memorie della Società Italiana di Scienze Naturali e del Museo Civico
di Storia Naturale di Milano 27 (1996), H. 1, S. 81-88.

Osterhammel, Jürgen: Die Verwandlung der Welt. Eine Geschichte des 19.
Jahrhunderts. München 2009.

Pasquali, Giorgio: Teologi protestanti predecessori del Lachmann. In: Stu-
di italiani di filologia classica 9 (1931), S. 243-254.

Peters, Ursula: Philologie und Texthermeneutik. Aktuelle Forschungsper-
spektiven der Mediävistik. In: IASL 36 (2011), H. 2, S. 251-282.

Pfeiffer, Rudolf: Geschichte der klassischen Philologie. Bd. 1: Von den Anfängen bis zum Ende des Hellenismus [1968]. München 1978; Bd. 2:
Die Klassische Philologie von Petrarca bis Mommsen [1976]. München
1982.

Plachta, Bodo: Editionswissenschaft. Eine Einführung in die Methode
und Praxis der Edition neuerer Texte [1997]. 2., erg. und aktual. Aufl. Stuttgart 2006.

Pollock, Sheldon: Comparison without Hegemony. In: Hans Joas [u.a.]
(Hgg.): The Benefit of Broad Horizons: Intellectual and Institutional
Preconditions for a Global Social Science. Leiden 2010, S. 185-204.

–: Future Philology? The Fate of a Soft Science in a Hard World. In:
Critical Inquiry 35 (2009), H. 4, S. 931-961.

–: The Language of the Gods in the World of Men. Sanskrit, Culture, and Power in Premodern India. Berkeley 2006.

Polk, Milbry; Schuster, Angela M. H. (Hgg.): The Looting of the Iraq Museum, Baghdad. The Lost Legacy of Ancient Mesopotamia. New York 2005.

Pomian, Krzysztof: Der Ursprung des Museums. Vom Sammeln. Berlin 1988.

Porter, James: Nietzsche and the Philology of the Future. Stanford 2000.

Pross, Wolfgang: Die Ästhetik des Werkes und das Ethos der Philologie. Überlegungen zur Bedeutung editorischen Handelns. In: Stéphanie Cudré-Mauroux [u.a.] (Hgg.): Vom Umgang mit literarischen Quellen. Bern 2002, S. 57-96.

Richter, Sandra: Wirtschaftliches Wissen in der Literatur um 1900 und die Tragfähigkeit ökonomischer Interpretationsansätze. In: Tilmann Köppe (Hg.): Literatur und Wissen. Theoretisch-methodische Zugänge. Berlin/New York 2011, S. 214-238.

–; Braun, Manuel: ›Vergoldung vergeht, Schweinsleder besteht‹. Die ›Bibliothek des Literarischen Vereins in Stuttgart‹ als Beispiel für Edition und Förderpolitik im 19. und frühen 20. Jahrhundert. In: GG 37/38 (2011), S. 32-54.

–: A History of Poetics. German Scholarly Aesthetics and Poetics in International Context, 1770-1960. Berlin/New York 2010.

Ries, Thorsten: ›Die geräte klüger als ihre besitzer‹: Philologische Durchblicke hinter die Schreibszene des Graphical User Interface. Überlegungen zur digitalen Quellenphilologie. In: Editio 24 (2010), H. 1, S. 149-199.

Rodi, Frithjof: Erkenntnis des Erkannten. Zur Hermeneutik des 19. und 20. Jahrhunderts. Frankfurt/Main 1990.

Rosenbaum, Alexander: Palais für Klassiker. Zum Bau des Goethe- und Schiller-Archivs. In: ZIG 3 (2009), H. 2, S. 87-102.

Ryan, Judith: The Novel After Theory. New York 2012.

Said, Edward: Orientalism. New York 1978.

–: The Return to Philology. In: ders.: Humanism and Democratic Criticism. New York 2004, S. 57-84.

Salusinszky, Imre: Criticism in Society. Interviews with Jacques Derrida, Northrop Frye, Harold Bloom, Barbara Johnson, Frank Lentricchia, J.

Hillis Miller, Geoffrey Hartman, Frank Kermode, Edward Said. New York 1987.

Schlaffer, Heinz: Poesie und Wissen. Die Entstehung des ästhetischen Bewusstseins und der philologischen Erkenntnis. [1990]. Erw. Ausg. Frankfurt/Main 2005.

Schmidt-Glintzer, Helwig: Sinologie und das Interesse an China. Mainz 2007.

Scholes, Robert: English After the Fall: From Literature to Textuality. Iowa City 2011.

–: The Rise and Fall of English. Reconstructing English as a Discipline. New Haven 1998.

Schönert, Jörg (Hg.): Literaturwissenschaft und Wissenschaftsforschung. Stuttgart/Weimar 2000.

Schubert, Martin (Hg.): Materialität in der Editionswissenschaft. Berlin/New York 2010.

Schwindt, Jürgen Paul (Hg.): Was ist eine philologische Frage? Beiträge zur Erkundung einer theoretischen Einstellung. Frankfurt/Main 2009.

Sperberg-McQueen, Christopher M.: Die Hochzeit der Philologie und des Merkur: philologische Datenverarbeitung. In: Stephan Moser [u.a.] (Hgg.): Maschinelle Verarbeitung altdeutscher Texte. Beiträge zum 5. Internationalen Symposium 1997. Tübingen 2001, S. 3-22.

Spoerhase, Carlos: Big Humanities. ›Größe‹ und ›Großforschung‹ als Kategorien geisteswissenschaftlicher Selbstbeobachtung. In: GG 37/38 (2010), S. 9-27.

–; Martus, Steffen: Praxeologie der Literaturwissenschaft. In: GG 35/36 (2009), S. 89-96.

–: Autorschaft und Interpretation. Methodische Grundlagen einer philologischen Hermeneutik. Berlin/New York 2007.

Schares, Thomas: Untersuchungen zu Anzahl, Umfang und Struktur der Artikel der Erstbearbeitung des Deutschen Wörterbuchs von Jacob Grimm und Wilhelm Grimm. Diss. Trier 2006 [http://ubt.opus.hbz-nrw. de/volltexte/2006/359, 2. Juni 2012].

Stäcker, Thomas: Die Digitale Bibliothek – auf der Suche nach einem Phantom. In: Kodex 1 (2011), S. 1-8.

Stammerjohann, Harro (Hg.): Lexicon grammaticorum. A bio-bibliographical companion to the history of linguistics [1996]. 2., erw. Aufl., 2 Bde., Tübingen 2009.

Starobinski, Jean: Le mot civilisation [1983]. In: ders.: Le remède dans le mal. Critique et légitimation de l'artifice à l'âge des Lumières. Paris 1989, S. 11-59.

Steinfeld, Thomas: Der leidenschaftliche Buchhalter. Philologie als Lebensform. München 2004.

Stichweh, Rudolf: Zur Entstehung des modernen Systems wissenschaftlicher Disziplinen. Physik in Deutschland 1740-1890. Frankfurt/Main 1984.

Stiegler, Bernd: Philologie des Auges. Die photographische Entdeckung der Welt im 19. Jahrhundert. München 2001.

Strohschneider, Peter: Situationen des Textes. Okkasionelle Bemerkungen zur ›New Philology‹. In: Tervooren/Wenzel 1997, S. 62-86.

Subbiondo, Joseph L. (Hg.): John Wilkins and 17th-Century British Linguistics. Amsterdam 1992.

Sweetman, Will: The Prehistory of Orientalism: Colonialism and the Textual Basis for Bartholomäus Ziegenbalg's Account of Hinduism. In: New Zealand Journal of Asian Studies 6 (2004), H. 2, S. 12-38.

Tervooren, Helmut; Wenzel, Horst (Hgg.): Philologie als Textwissenschaft. Alte und neue Horizonte. Berlin 1997 (Sonderheft der ZfdPh 116).

Thouard, Denis: Die Ausübung der Vernunft an der Sprache. Philologische Begriffe und Wirkungen in der Philosophie. In: GG 31/32 (2007), S. 78-86.

–; Vollhardt; Friedrich [u.a.] (Hgg.): Philologie als Wissensmodell. Berlin/New York 2010.

Tihanov, Galin: Why Did Modern Literary Theory Originate in Central and Eastern Europe – And Why Is It Now Dead? In: Common Knowledge 10 (2004), H. 1, S. 61-81.

Timpanaro, Sebastiano: Die Entstehung der Lachmannschen Methode [1963]. 2., erw. Aufl. Hamburg 1971.

Trautmann-Waller, Céline: Philologie allemande et tradition juive : le parcours intellectuel de Leopold Zunz. Paris 1998.

Uitti, Karl D.: [Art.] Philology. In: Michael Groden, Martin Kreiswirth (Hgg.): The Johns Hopkins Guide to Literary Theory and Criticism. Baltimore 1994, S. 567-573.

Vanek, Klara: Ars corrigendi in der Frühen Neuzeit. Studien zur Geschichte der Textkritik. Berlin/New York 2007.

Warren, Michelle R.: Introduction: Relating Philology, Practicing Humanism. In: PMLA 125 (2010), H. 2, S. 283-336.

–: Post-philology. In: Patricia C. Ingham (Hg.): Postcolonial Moves: Medieval through Modern. New York 2003, S. 19-45.

Wegmann, Nikolaus: How to do Things with Philology [Vortrag an der Columbia University, 24. Februar 2012, ungedrucktes Manuskript].

–: Bücherlabyrinthe. Suchen und Finden im alexandrinischen Zeitalter. Köln 2000.

–: ›Wer von der Sache nichts versteht, macht Theorie‹: ein Topos der philologischen ›Curiositas‹. In: Schönert 2000, S. 509-528.

–: Was heißt einen ›klassischen Text‹ lesen? Philologische Selbstreflexion zwischen Wissenschaft und Bildung. In: Jürgen Fohrmann, Wilhelm Voßkamp (Hgg.): Wissenschaftsgeschichte der Germanistik im 19. Jahrhundert. Stuttgart 1994, S. 334-450.

Weimann, Robert: ›New Criticism‹ und die Entwicklung bürgerlicher Literaturwissenschaft [1962]. München 1974.

Werle, Dirk: Copia librorum. Problemgeschichte imaginierter Bibliotheken 1580-1630. Tübingen 2007.

Weimar, Klaus: Die Begründung der Literaturwissenschaft. In: Schönert 2000, S. 135-149.

–: Geschichte der deutschen Literaturwissenschaft bis zum Ende des 19. Jahrhunderts. München 1989. 2., unveränd. Aufl. Paderborn 2003.

Werner, Michael: À propos de la notion de philologie moderne. Problèmes de définition dans l'espace franco-allemand. In: Espagne/Werner 1990, S. 11-22.

Wind, Edgar: Kritik des Kennertums [1960]. In: ders.: Kunst und Anarchie. Übers. v. Gottfried Boehm [u.a.]. Frankfurt/Main 1994, S. 38-55.

Woidich, Stefanie: Vico und die Hermeneutik. Eine rezeptionsgeschichtliche Annäherung. Würzburg 2007.

Ziolkowski, Jan (Hg.): What is Philology? University Park 1990 (= Comparative Literature Studies 27, H. 1).

Zukunftsphilologie. Revisiting the Canons of Textual Scholarship [http://www.forum-transregionale-studien.de/zukunftsphilologie/; 2010; 2. Juni 2012].

Presse

Brooks, Peter: Our Universities: How bad? How good? In: The New York Review of Books, 24. März 2011, S. 10-12.

Gayley, Charles Mills: What is Comparative Literature? In: Atlantic Monthly 92 (1903), S. 56-68.

Grafton, Anthony: Can the Colleges Be Saved? In: The New York Review of Books, 24. Mai 2012, S. 22-24.

Gumbrecht, Hans Ulrich; Ritter, Henning: Philosophische Derivate: Zur Sache. In: FAZ, 14. Oktober 2009, S. N3.

Kaube, Jürgen: Wer, wie, was? Wieso, weshalb, warum? Wer nicht fragt, bleibt dumm. Vor dem Germanistentag in Marburg. In: FAZ, 22. September 2007, S. 35.

Kristeva, Julia: Benveniste me lisait le ›Rigveda‹ directement en sanskrit dans le texte. Entretien avec Julie Clarini. In: Le Monde des livres, 20. April 2012, S. 3.

Schmoll, Heike: Tempus fugit. Wie die Altphilologie zukunftsfest machen? In: FAZ, 10. Mai 2012, S. 8.

Stingelin, Martin: Das Glück des Goldstaubs auf der Zunge. Roland Barthes' Seminar über Balzacs ›Sarrasine‹. In: FAZ, 25. April 2012, S. N3.

Namenregister

Abel-Rémusat, Jean-Pierre (1788–1832) 60

Arnold, Matthew (1822–1888) 145

Ast, Friedrich (1778–1841) 93, 95, 159

Auerbach, Erich (1892–1957) 47, 57, 59, 86, 158

Barthes, Roland (1915–1980) 23 f., 26, 30, 70, 108, 128, 146, 159, 175

Baumgarten, Alexander Gottlieb (1714–1762) 57, 159

Benecke, Georg Friedrich (1762–1844) 68

Benjamin, Walter (1892–1940) 86

Bentley, Richard (1662–1742) 99, 159, 166

Benveniste, Émile (1902–1976) 55, 150, 175

Bloom, Harold (geb. 1930) 83, 171

Boeckh, August (1785–1867) 94, 104 ff., 117, 125, 132, 159, 166

Bohrer, Karl Heinz (geb. 1932) 109 f., 162

Bopp, Franz (1791–1867) 19, 47, 55

Canfora, Luciano (geb. 1942) 147

Cassiodor (485–580) 67

Cerquiglini, Bernard (geb. 1947) 100 f., 127, 163

Champollion, Jean-François (1790–1832) 61

Chomsky, Noam (geb. 1928) 46, 98, 147

Culler, Jonathan (geb. 1944) 41, 43, 92 f., 123, 163

Curtius, Ernst Robert (1886–1956) 10, 110, 137, 149, 160, 165

de Man, Paul (1919–1983) 122, 163

de Sacy, Silvestre (1758–1838) 55

Dilthey, Wilhelm (1833–1911) 21, 75 f., 117, 160

Dionysios Thrax (ca. 180–90 v. Chr.) 96

Donatus, Aelius (4. Jh. n. Chr.) 18, 96

Eckhart, Johann Georg von (1674–1730) 21, 160

Erasmus von Rotterdam (1466–1536) 88, 160

Erlich, Victor (1914–2007) 23, 58

Ette, Ottmar (geb. 1956) 9, 27, 152, 164, 169

Friedrich, Hugo (1904–1978) 19, 24, 107, 160

Frisch, Johann Leonhard (1666–1743) 87

Gesner, Johann Matthias (1691–1761) 82

Sachregister

Marcel Lepper hat Germanistik, Geschichte und Philosophie in Münster, Paris und Baltimore studiert, an der Freien Universität Berlin promoviert und leitet seit 2005 die Arbeitsstelle für die Erforschung der Geschichte der Germanistik, seit 2008 auch das Forschungsreferat im Deutschen Literaturarchiv Marbach. Er lehrt an der Universität Stuttgart und war 2008 Max Kade Visiting Assistant Professor an der University of Wisconsin-Madison, USA. Seine Publikationen befassen sich mit Problemen der Literatur- und Wissenschaftsgeschichte seit der Frühen Neuzeit. Er ist seit 2006 Herausgeber der Zeitschrift *Geschichte der Germanistik*, seit 2007 Redaktionsmitglied der *Zeitschrift für Ideengeschichte*, seit 2009 Beirat des *Athenäum*.